www.ingramcontent.com/pod-product-compliance
Lightning Source LLC
LaVergne TN
LVHW010410070526
838199LV00065B/5936
9789358725407

قبر سے واپسی

(مزاحیہ مضامین)

فکر تونسوی

© Taemeer Publications LLC

Qabr se Vaapsii *(Humorous Essays)*

by: Fikr Taunsvi

Edition: August '2024

Publisher :

Taemeer Publications LLC (Michigan, USA / Hyderabad, India)

ISBN 978-93-5872-540-7

9 789358 725407

مصنف یا ناشر کی پیشگی اجازت کے بغیر اس کتاب کا کوئی بھی حصہ کسی بھی شکل میں بشمول ویب سائٹ پر اَپ لوڈنگ کے لیے استعمال نہ کیا جائے۔ نیز اس کتاب پر کسی بھی قسم کے تنازع کو نمٹانے کا اختیار صرف حیدر آباد (تلنگانہ) کی عدلیہ کو ہو گا۔

کتاب	:	**قبر سے واپسی** (مزاحیہ مضامین)
مصنف	:	**فکر تونسوی**
صنف	:	طنز و مزاح
ناشر	:	تعمیر پبلی کیشنز (حیدر آباد، انڈیا)
سالِ اشاعت	:	۲۰۲۴ء
صفحات	:	۹۰
سرورق ڈیزائن	:	تعمیر ویب ڈیزائن

قبر سے واپسی (مزاحیہ مضامین) 5 فکر تونسوی

فہرست

	فقط ہنسوڑ نہیں: کرشن چندر	6
	دھرتی کا باسی: گوپی چند نارنگ	7
(۱)	فکر تونسوی نے الیکشن لڑا	9
(۲)	مشاعرے میں صدارتی خطبہ	19
(۳)	قبر سے واپسی	26
(۴)	میرا پنر جنم	37
(۵)	بیویوں کی ٹریڈ یونین	47
(۶)	محلہ سدھار کمیٹی	56
(۷)	میر بیمار ہوئے	66
(۸)	ماسٹر چڑت لال نے فلم بنائی!	79

فقط ہنسوڑ نہیں! ——

فکر تونسوی —— اُردو ادب میں طنز و مزاح کے عظیم فن کار ہیں۔ ان کے طنزیہ مضامین اور مزاحیہ خاکے نہ صرف انسانی فطرت کی بوالعجیوں کی آئینہ داری کرتے ہیں بلکہ عصرِ حاضر کے سماجی مسائل اور ان سیاسی اور اقتصادی طاقتوں کی گہری سُوجھ بُوجھ کا اظہار کرتے ہیں جو ہمارے سماج میں تباہی اور پستی کی ذمے دار ہیں۔

—— فکر تونسوی آپ کو محض ہنسانے کے لئے نہیں ہنساتا بلکہ وہ اپنے گہرے تجزیہ سے آپ کو مجبور کرتا ہے کہ آپ بیٹھ کر سوچیں اور اپنے گرد و نواح کی دُنیا پر نظر ڈالیں، وہ ایک ایسے مزاح نگار ہیں جو سماجی مسائل کا گہرا شعور رکھتے ہیں اور ہمارے زمانے کی پیچیدگیوں کا شعلہ بار تجزیہ کرنے میں مشہور ہیں!

کرشن چندر

دھرتی کا باسی ———

فکر تونسوی ——— اُن گنے چُنے ادیبوں میں سے ہیں جنہیں قدرت کی طرف سے طنز و ظرافت کا دُور رس ادراک عطا کیا جاتا ہے۔ وہ گذشتہ تین دہائیوں سے لطیف مزاحیہ رنگ میں لکھ رہے ہیں اور اُردو طنز و مزاح کی دُنیا میں اپنا خاص مقام پیدا کر لیا ہے!

انحطاط اور پستی کے موجُودہ دَور میں اپنے ذہن و دل کو پُرسکون رکھنا جُوئے شیر لانے کے مترادف ہے۔ آج کے زمانے میں سماجی قدروں کی طرح ادبی قدریں بھی درہم برہم ہو رہی ہیں۔ان حالات میں طنز و مزاح، سماج اور سیاست پر نکتہ چینی کرنے کا موثر حربہ بن جاتا ہے اور فکر تونسوی نے اس مقصد کے لئے اس حربے کا خُوب استعمال کیا ہے۔ ان کے مضامین' پیاز کے چھلکے کے مزاحیہ کالم' ریڈیائی اور سٹیج ڈرامے' سوسائٹی کی ریاکاری' تفاوات' اور مہملات کی زندگی کے معمول کو ہی نہیں اُبھارتے بلکہ ہمیں اپنی پریشانیوں اور خامیوں پر ہنسنے کے لئے بھی مجبُور کرتے ہیں۔ ان کی "بدنام کتاب" آج کی سماجی اور سیاسی زندگی پر مسلسل قہقہہ اور طنز ہے جس سے ہمارے سماجی اور سیاسی خداؤں کو کچھ سوچنے پر مجبُور ہونا چاہیئے۔

——— فکر تونسوی نے اپنی پختگی اور شعور کے مراحل بتدریج طے کئے ہیں۔ ان کو اپنے مزاحیہ اور طنزیہ آرٹ کا مقام ڈھونڈنے کے لئے کچھ

وقت صرف کرنا پڑا۔ لیکن اپنا مقام ڈھونڈ لینے کے بعد ہمیشہ کے لئے اپنی بلندی کو برقرار رکھا —— فکر تونسوی نے شوکت تھانوی اور عبدالمجید سالک کی خوشگوار روایات کو ایک نئی تجدید عنایت کی ہے۔ ان کا طنز و مزاح —— پطرس کی طرح نہ دانش وروں کے لئے ہے اور نہ رشید احمد صدیقی کی طرح صرف رئیسوں کے لئے ہے بلکہ ان کا اسلوب منفرد ہے۔ وہ زمین پر ہی رہتے ہیں۔ ان کے لئے آسمان پر پرواز کرنے کی بجائے زمین پر سیدھے چلنا زیادہ اہم ہے۔ آپ کا مزاح عام انسان کے لئے —— راست، سیدھا، توانا اور بے باک ہے۔ ان کی زبان منفرد اور اکھری ہے —— تیز، تیکھی، مؤثر اور بعض اوقات تلخ —— لیکن ان کی زبان زیادہ تر قہقہوں اور شگفتگی سے بھرپور ہے۔ ان کے نزدیک ہمارے بیمار سماج کی پرتیں، پیاز کے چھلکوں کی طرح ہیں کہ ایک دوسرے سے جڑی رہتی ہیں اور وہ پیاز کے یہ چھلکے اتارتے رہتے ہیں اور مسلسل اتارتے چلے جا رہے ہیں۔ ان کے نزدیک، ہمارا ہر عمل مزاح کا درجہ رکھتا ہے، اس لئے مزاح ہی ان کا اول و آخر رجحان ہے۔ ہم امید کرتے ہیں کہ فکر تونسوی زندگی کے اہم مسائل کو ہی ہمیشہ ترجیح اور اولیت دیتے رہیں گے!

ڈاکٹر گوپی چند نارنگ

فکر تونسوی نے الیکشن لڑا

الیکشن میں ہار جانے کے بعد فکر تونسوی صاحب اچانک غائب ہو گئے ہیں۔ ان کی گمشدگی کے متعلق طرح طرح کی افواہیں اڑ رہی ہیں۔ کوئی کہتا ہے وہ رہائے جمنا میں ڈوب مرے، کسی نے کہا میں نے انہیں ہمالیہ کی طرف ٹک ٹک بھاگتے ہوئے دیکھا تھا۔ ایک صاحب نے بتایا کہ وہ ہاپوڑ ریلوے اسٹیشن پر بھیک مانگ رہے تھے اور زار و قطار رو بھی رہے تھے۔

البتہ ایک قرض خواہ جب ان کا سامان قرق کرانے پہنچا تو تلاشی کے دوران ان کا ایک مضمون بھی ملا جو انھیں رسوا کرنے کے لئے ذیل میں شائع کیا جا رہا ہے:

"اچانک میرے بارے میں افواہ پھیل گئی کہ میں الیکشن لڑ رہا ہوں۔ یہ افواہ سن کر میرے سسر نے میری بیوی کو ماتمی تار بھیجا۔ کافی ہاؤس میں میرے دو دوستوں نے ایک دوسرے کو زخمی کر دیا۔ ایک چور نے

ٹیلیفون پر مجھ سے شکایت کی کہ ہم تو تمہیں قلاش سمجھ کر تمہارے گھر نقب نہیں لگاتے تھے۔ اب یہ الیکشن کے لئے روپیہ کہاں سے آ گیا؟ میرے ایک مخالف امیدوار نے ایک کافر ادا حسینہ کو میرے پاس بھیجا تاکہ وہ میرے تقدس کو تار تار کر سکے۔ پڑوسیوں نے ایک ایمر جنسی میٹنگ بلائی کہ محلّے کے اس واحد بھلے آدمی کو روکا جائے اور اگر نہ مانے تو اسے اغوا کر لیا جائے۔

درحقیقت ہوا یوں کہ جب ملک میں عام چناؤ کی چرچا چلی تو مجھے شرارت سوجھی کہ مندر کے مہنت رنچھوڑ داس کو چناؤ لڑنے پر اکسایا جائے کیونکہ ایک تو اس کے پاس چڑھاوے کے ہزاروں روپے وافر پڑے تھے جنہیں ختم کرنا ضروری تھا۔ اس کے علاوہ اس کا ٹوٹل مطالعہ ایک گنگارام تن اور بھجنوں کے سستے ایڈیشن والی کتاب سے آگے نہ بڑھا تھا۔ اسے کامیاب بنا کر میں یہ ثابت کرنا چاہتا تھا کہ ہماری پارلیمنٹری جمہوریت کس حد تک گر سکتی ہے۔ اس لئے میں نے کہا ———

"مہنت جی! ملک کی جمہوریت خطرے میں ہے۔ اسے بچانے کے لئے آپ چناؤ لڑیئے!"

مہنت بولا "ہی ہی ہی"

مَیں نے کہا "ہی ہی کا کیا مطلب؟"

"مطلب یہ کہ آپ مجھے شرمندہ کر رہے ہیں"۔

"شرمندہ تو ووٹر ہوں گے۔ آپ کھڑے تو ہو جایئے!"

"نہیں، آپ مجھ سے زیادہ قابل ہیں آپ کھڑے ہو جایئے!"

"مگر قابل آدمی کے پاس موٹر کار نہیں ہے"۔

"میری موٹر کار حاضر ہے"۔

"روپیہ بھی نہیں ہے"۔

"بھگوان دے گا۔"

"بھگوان کا ایڈریس میرے پاس نہیں ہے۔"

"وہ میرے پاس ہے۔"

"تو آپ اور بھگوان مشورہ کرکے مجھے آگاہ کردیجئے گا۔"

میں تو یوں مذاق میں ٹال کر چلا آیا لیکن دوسری شام کو سارے علاقے میں ایک قدِ آدم پوسٹر چسپاں پایا گیا کہ مہنت رنچھوڑ داس اور اس کے دو ہزار چار سو بیس عقیدت مند بھگتنیوں کی طرف سے شری تونسوی کو الیکشن میں کھڑا ہونے کی درخواست کی گئی جو انھوں نے منظور فرمالی ہے۔

کچھ لوگوں نے اسے مذاق سمجھا۔ میرے سسر نے میری بیوی کو ماتمی تار بھیجا لیکن اس کے باوجود میری بیوی نے سارے محلّے میں لڈّو بانٹے۔ کیونکہ وہ بھی مہنت رنچھوڑ داس کی چیلی تھی۔ جب اپنی بیوی ہی مہنتوں کے بس میں ہو تو پولیٹیکل سوجھ بوجھ بے معنی ہو جاتی ہے۔

جس دن کاغذات نامزدگی داخل کرنے کی آخری تاریخ تھی، مَیں صبح ہی صبح باتھ روم میں جا چھپا۔ لیکن میری بیوی اور احباب نے سپیشل پولیس سکواڈ کو بلایا اور اس کی مدد سے دروازہ توڑ کر مجھے باہر نکالا۔ باتھ روم کے باہر ہی ایک دوست نے الیکشن فنڈ کے لئے اپیل جاری کردی اور گیارہ روپے بھی دے دئے۔ دیکھتے ہی دیکھتے دو ہزار روپے اکٹھے ہوگئے جن میں پچانوے روپے نقد تھے اور باقی کے وعدے تھے۔ ان پچانوے روپوں میں دو تین نوٹ پھٹے ہوئے تھے۔

اس پر پراپیگنڈہ مشینری فوراً حرکت میں آگئی اور دو شہروں میں کنویسنگ

سے پہلے مجھے کونسلنگ کی گئی۔ ایک دوست نے کونے میں لے جا کر سمجھایا کہ کامیاب ہونے کے بعد تمہارے وزیر بننے کے چانس خاصے روشن ہیں۔ ایک جیوتشی کو بلایا گیا۔ جس نے پانچ روپے لے کر زائچہ بنایا، کہ قسمت کے ستارے میں ایک کار اور کوٹھی صاف بیٹھی ہوئی نظر آ رہی ہے۔ ڈیری اونرز یونین کے پریذیڈنٹ شری نیت رام نے پانی ملا ہوا دودھ کا گلاس میرے منہ سے لگاتے ہوئے کہا "الیکشن میں دودھ کا سارا خرچہ میرے ذمہ!" ایک اور صاحب نے وعدہ کیا کہ الیکشن آفس کے لئے میری کوٹھی حاضر ہے! (یہ کہنے کے بعد وہ صاحب کبھی نظر نہ آئے!)۔

ان حوصلہ افزائیوں نے میرا ایمان متزلزل کر دیا۔ میرا خیال تھا کہ الیکشن لڑنا شرفاء کا کام نہیں۔ لیکن اب خیال آیا کہ صرف شرفاء ہی کو الیکشن لڑنا چاہیئے ورنہ ڈیموکریسی غنڈہ گردی کا شکار ہو جائے گی —— اس لئے جونہی میں نے ہامی بھری مجمعے میں ایک عجیب سی احمقانہ طمانیت بھر گئی۔ اور ایک مشٹنڈے سے نوجوان نے۔ جو رام لیلا میں راون کا پارٹ ادا کرتا تھا، مجھے پکڑ کر کندھے پر بٹھا لیا اور مجھے ایسا محسوس ہوا جیسے میں رامائن کی سیتا ہوں اور ڈیموکریسی کا راون مجھے اغوا کر کے لے جا رہا ہے۔

دوسری رات کو احباب نے ایک ایمرجینسی میٹنگ بلائی۔ پچاس دوستوں نے وعدہ کیا تھا لیکن صرف پچیس شامل ہوئے۔ باقی پچیس میں سے کوئی خود بھاگ گیا تھا، کسی کی بیوی بھاگ گئی تھی، اور کسی کی بھینس! ایک لیڈی ڈاکٹر جو ایک بار جوئے کے جرم میں گرفتار ہو چکی تھی اس میٹنگ میں شامل ہوئی ایک لیڈی ڈاکٹر جو فیملی پلاننگ اور اسقاطِ حمل دونوں کام ساتھ ساتھ کرتی تھی۔

میری مدّاح نکلی۔ الیکشن کے ایک گھاگ ماہر شری بدلی چندجی نے اس میٹنگ کی رہنمائی کی۔ یہ صاحب چار بار الیکشن لڑ چکے تھے جن میں سے تین بار ہار گئے تھے اور چوتھی بار ایک ٹکنیکل غلطی کی وجہ سے کامیاب ہو گئے تھے۔۔۔۔۔ بدلی چندجی نے ہتو اُپدیش سے لے کر دیوانِ چرکین تک کے حوالے دے دے کر بتایا کہ الیکشن میں کس قسم کی حکمت عملیوں سے کام لینا چاہیئے۔ انھوں نے انکشاف کیا کہ ہر الیکشن پر میری جیب سے صرف پچیس روپے خرچ ہوئے تھے باقی سبھی اخراجات ووٹروں نے برداشت کئے تھے۔ اس انکشاف کا میری الیکشن مہم پر بہت بُرا اثر پڑا۔ کیونکہ کئی دوستوں نے اپنے وعدے کے روپے دینے سے انکار کر دیا کہ ووٹر خود برداشت کریں گے اور ایک دوست نے تو اپنے دیئے ہوئے پانچ روپوں کی واپسی کا مطالبہ بھی کر دیا۔

اس میٹنگ میں ایک ہائی پاور الیکشن کمیٹی بنائی گئی۔ اس کمیٹی کو تمام اختیارات سونپ دئے گئے کہ وہ جیسے چاہے الیکشن مہم چلائے۔ پوسٹر نکالے، نہ نکالے، جلسے کرے نہ کرے، مخالف کے جلسوں میں گڑبڑ پھیلائے جلوس نکالے، کرائے پر مظاہرین حاصل کرے، اپنے امیدوار میں وہ خوبیاں تلاش کرے جو اس میں موجود نہ ہوں اور مخالف امیدوار کے لئے وہ خرابیاں ایجاد کرے جو اس میں موجود نہ ہوں۔ جعلی ووٹروں کی الگ فہرست تیار کرے جوئے میں سزا یافتہ لیڈی مس ونہ کر کو زنانہ ووٹروں کے محاذ کی انچارج بنا دیا گیا۔

میری ناکامی کی ایک اہم وجہ یہی جوئے باز مخترمہ تھیں کیونکہ یہ جس عورت کے پاس بھی کنویسنگ کے لیئے جاتی، وہ منہ پھیر لیتی اور مجھے پہلی بار معلوم ہوا کہ عورتیں، عورتوں سے کتنی نفرت کرتی ہیں۔

جب میرے الیکشن کا پہلا پوسٹر نکلا تو کھلبلی مچ گئی۔ کیونکہ وہ اشتہار

نہیں تھا ایک ادب پارہ تھا۔ اس ادب پارے کو پانچ فی صدی لوگ سمجھے پچانوے فی صدی نہیں سمجھے۔ میری ضمانت ضبط ہونے کی ایک اور وجہ یہ پوسٹر تھا جس نے میرے ووٹروں کو پانچ اور پچانوے میں بانٹ دیا اور دونوں نے مجھے ووٹ نہیں دیا۔ سمجھ داروں نے اپنی سمجھ کے زعم میں اور ناسمجھوں نے "بے ادب" ہونے کے ناطے! اور جن چند عورتوں نے مجھے ووٹ دیا۔ ان کی زبانی پتہ چلا کہ انہوں نے مجھ پر رحم کھاکر ووٹ دیا۔ سچ مچ دنیا میں رحم دل انسان اب بھی موجود ہیں۔

میرا خاکہ اڑانے کے لئے نہیں بلکہ عادتاً مخالف امیدوار نے بھی جوابی پوسٹر نکالا جس میں مجھ پر کچھ الزامات لگائے۔ مثلاً:-

۱۔ میں کوٹ پتلون پہنتا ہوں۔

۲۔ میری بینائی کمزور ہے۔

۳۔ میں نے محلے کے ایک کتے کو زہر دلوا دیا تھا۔

۴۔ میں نے مندر کی تعمیر کے لئے سوا روپیہ چندہ نہیں دیا تھا۔

۵۔ میں دودھ میں ملاوٹ کا دشمن ہو کر اپنے بچوں کو دودھ میں پانی ملاکر پلاتا تھا۔

جب یہ پوسٹر شائع ہوا تو پچانوے فی صدی ووٹروں کی سمجھ میں آسانی سے آگیا۔ اس پوسٹر نے ذہنی طور پر قریب قریب مجھے مفلوج کر دیا۔ غصے اور اضطراب سے نیند اڑ گئی۔ الزامات صحیح ضرور تھے لیکن معیاری نہ تھے — احباب نے مجھے مجبور کیا کہ میں بھی مخالف امیدوار پہ جوابی الزامات لگا دوں۔ مثلاً یہ کہ اس نے مندر کے تہ خانے میں ناجائز شراب کی بھٹی چلا رکھی ہے' اس کے والد صاحب نائی تھے' اس کی موجود بیوی اغوا شدہ ہے۔ اس کا دادا بخش

سرکار کا پٹھو تھا یعنی سرکار کا چپڑاسی تھا۔ وغیرہ وغیرہ

یہ الزامات میرے الزامات سے بھی زیادہ گرے ہوئے تھے۔ میں نے دل ہی دل میں فیصلہ کیا کہ الیکشن نہ لڑوں گا اور ٹانگا ٹیکا چلا جاؤں گا۔ جب میں نے بیوی سے اس کا ذکر کیا تو وہ بولی "میں بھی تمہارے ساتھ ٹانگا ٹیکا چلوں گی"۔ میں نے ٹھنڈی آہ بھر کر کہا "تو محترمہ! الیکشن لڑنا کیا برا ہے؟"

تیسرے دن ہمارا انتخابی جلوس نکالا گیا۔ میرا انتخابی نشان مرغا تھا۔ ایک صاحب نے تجویز کیا کہ ایک سو ایک مرغے خریدے جائیں۔ ہر مرغے کو بائیسکل کی گدی پر بٹھا کر ان کا جلوس نکالا جائے۔ تجویز بہت اچھوتی تھی۔ لیکن کسی ستم گر نے مرغی خانے کے مالکوں تک یہ اطلاع پہنچا دی تو مارکیٹ میں مرغوں کا نرخ سات روپے سے دس روپے ہو گیا۔ بیوی نے پیش کش کی کہ میرے طلائی زیور بیچ کر مرغے خرید لیجئے۔ میرا گلا بھر آیا۔ قربانی کی یہ مثال صرف انقلابِ فرانس میں ملتی ہے۔ انقلابی سپرٹ کے تحت ایک سو ایک مرغوں کا جلوس بڑے کر و فر سے نکلا۔ ایک سو ایک بائیسکلیں اور ان پر گدی نشین ایک سو ایک مرغے اور انہیں سنبھالنے کے لئے ایک سو ایک ورکر۔ اس جلوس پر مخالفوں نے پتھر اور حمائتیوں نے پھول برسائے۔ جلوس میں مرغ اور انسان دونوں شامل ہوئے۔ جلوس کے آگے ککڑوں کوں کا ایک ٹیپ ریکارڈ برابر بج رہا تھا اور عوام نعرے لگا رہے تھے ---

جیتے گا بھائی جیتے گا!

مرغے والا جیتے گا!!

جلوس کے خاتمے پر معلوم ہوا کہ دس بائیسکلیں اور پندرہ مرغے غائب ہیں۔ کچھ ورکروں نے بتایا کہ چار پانچ مرغے تو مرغیوں کے پیچھے بھاگ گئے۔

کچھ ڈر کر جو بے ایمان تھے، جلوس کے درمیان ہی سے کچھ باسکلیں لے کر کھسک گئے۔

تین دن بعد مخالف امیدوار نے بھی جلوس نکالا۔ اس کا انتخابی نشان بھینس تھا۔ انھوں نے بھی ایک سو ایک بھینسوں کا جلوس نکالا۔ عوام اس جلوس میں بھی ہزاروں کی تعداد میں شامل ہوئے۔ ان عوام کا کوئی اعتبار نہیں۔ مرغے اور بھینس دونوں سے یکساں عقیدت رکھتے ہیں۔ عوام کے اس دوغلے پن پر میں کباب ہو گیا۔ صرف ایک بات اطمینان بخش تھی کہ مخالف کی آٹھ بھینسیں غائب ہوئیں جن کی قیمت مرغوں سے سات سو گنا زیادہ تھی۔

اس کے بعد جلوس کا سلسلہ شروع ہوا۔ یہ امر تعجب خیز تھا کہ مرغوں کی طرح معززین بھی کرائے پر مل جاتے تھے۔ شاعر اور موسیقار ایک جلسے سے فارغ ہو کر دوسرے جلسے میں پہنچ جاتے۔ صرف امیدواروں کے نام بدل دیتے، مواد وہی رہنے دیتے۔ آرٹ اور آرٹسٹوں کی یہ "پیسہ پرستی" دیکھ کر کئی بار مجھے شرم آئی لیکن احباب نے سمجھایا کہ یہ صنعتی دور ہے، یہاں آرٹ بھی بازار کی جنس ہو گیا ہے۔ ہلدی، آلو، ٹماٹر، گڑ اور شعر ——— ان سب میں بھید بھاؤ مٹ گیا ہے۔

ہمارے حلقے میں چوبیس ہزار ووٹر تھے جن میں سے ڈھائی ہزار ووٹر جعلی تھے یعنی خدا کی طرح موجود تھے لیکن نظر نہیں آتے تھے۔ ایک صاحب میرے پاس آئے اور بولے — "ان ڈھائی ہزار ووٹروں کا ٹھیکہ مجھے دے دیا جائے۔ ڈھائی ہزار روپیہ لے کر ووٹ بھگتا دوں گا۔" بعد میں معلوم ہوا کہ وہ ایسا ہی ٹھیکہ مخالف امیدوار سے بھی کر چکا ہے اور ڈھائی ہزار روپے لے چکا

ہے۔ میں نے اُسے بلا کر شرمندہ کیا لیکن وہ شرمندہ نہ ہوا اور کہنے لگا" شرمندگی کیسی؟ یہ تو بزنس ہے"۔

ایک ہزار ووٹر رحلت فرما گئے تھے جس سے مجھے بہت تسکین ہوئی۔ کیونکہ ووٹر جتنے بھی کم ہوں اُتنی زحمت کم ہوتی ہے ——— ہر ووٹر کے پاس جا جا کر ہاتھ جوڑنا پڑتے ہیں الیکشن کی اصطلاح میں اسے " ڈور ٹو ڈور کنویسنگ" یعنی در در کی خاک چھاننا کہتے ہیں۔ میں نے کئی ایسے ووٹروں کے سامنے بھی ہاتھ جوڑے جو اندھے تھے۔ ایسے ووٹروں کو اپنا مینی فیسٹو سنایا جو بہرے تھے اس کنویسنگ میں محلّے کے جو معزّزین ہمارے ساتھ چلتے وہ مخالف امیدوار کے ساتھ بھی چلا کرتے۔ ان میں سے ایک معزّز نے مجھے کان میں بتایا کہ ہم صرف اخلاق اور تہذیب کی خاطر مخالف امیدوار کے ساتھ جاتے ہیں ورنہ ہم ووٹ آپ ہی کو دیں گے۔

اور ان میں سے اکثر معزّزین نے ہم دونوں میں سے کسی کو بھی ووٹ نہیں دیا۔ پولنگ کے دن یا تو وہ باہر چلے گئے یا تاش کھیلتے رہے۔

پولنگ سے دو دن پہلے سرگرمیاں کچھ زیادہ تیز ہو گئیں۔ مثلاً مخالف اُمیدوار کے ایک خاص ایلچی نے رات کے دو بجے آ کر میرا دروازہ کھٹکھٹایا۔

میں نے پوچھا۔ "کیا چاہتے ہو؟"

وہ بولا: "آپ کا ضمیر!"

میں نے کہا: "ذرا وضاحت فرمائیے"۔

اور اس نے بطور وضاحت پانچ ہزار روپے کے نوٹ میری جیب میں ڈال دئے۔ میں نے کلی کی طرح تبسّم کیا اور کہا کہ نرخ بالا کن ——— وہ اداس ہو گیا بولا ۔" مالک نے مجھے چھ ہزار روپے دئے ہیں۔ ایک ہزار روپیہ میں نے بطور کمیشن

رکھ لیا ہے"۔

میں نے یہ سن کر اپنے کتے سے کہا "ان صاحب کو گھر چھوڑ آؤ"۔

دوسرا انکشاف یہ ہوا کہ تمام سبزی خوروں نے مندر میں جاکر قسم کھائی کہ مرغا ایک طرح کا مانس ہے۔ اس لئے کوئی سبزی خور مرغے کو ووٹ نہ دے گا۔ لیکن مندر کے ہیڈ پجاری نے پچاس روپے میں اپنا ضمیر بیچتے ہوئے بتایا کہ جب قسم کھائی گئی اس وقت بھگوان کی مورتی کو نہلایا نہیں گیا تھا۔ اس لئے قسم کا قبول ہونا مشکوک ہے۔

تیسرا انکشاف یہ ہوا کہ ووٹر کی کوئی ذاتی رائے نہیں ہوتی بلکہ مختلف ٹولیوں، فرقوں اور برادریوں کی رائے ہی اس کی رائے ہوتی ہے۔ ترکھان برادری، گوالا برادری، جوتے باز برادری، چڑی مار برادری۔ گائے برادری۔ کبوتر برادری ——! غرض ان گنت برادریوں میں ووٹر حضرات کی تقسیم در تقسیم ہو چکی ہے۔ میں نے افراد کی بجائے برادریوں سے التجا کی کہ میں بھی آپ ہی کی برادری کا ممبر ہوں۔ ممبر بنانے کے بعد انھوں نے وعدہ کیا کہ ہم آپ ہی کو ووٹ دیں گے۔ مخالف امیدوار سے بھی ایسا ہی برادرانہ وعدہ کیا گیا۔

اور سب سے آخری اور عظیم انکشاف یہ ہوا کہ جب پولنگ کے بعد ووٹوں کی گنتی کی گئی تو میری بیوی کے سوا کسی کو یقین نہ آیا کہ میری ضمانت ضبط ہو گئی ہے۔ لیکن مجھے برابر شک رہا کہ میری بیوی نے بھی مجھے ووٹ نہیں دیا۔ بدنیتی سے نہیں، لاعلمی سے!!

مشاعرے میں صدارتی خطبہ

معززحاضرین اور ان کے اطفالِ کرام!

آپ نے مجھے اس مشاعرے کی صدارت کا اعزاز عطا فرما کر حماقت کا ثبوت دیا ہے یا ذہانت کا میں نہیں جانتا لیکن گذشتہ کئی دن سے مجھے شک ہو رہا تھا کہ مجھ سے کوئی نہ کوئی نازیبا حرکت سرزد ہونے والی ہے ایک خوف یہ بھی تھا کہ شاید مجھے کسی قبر کا مجاور بنا دیا جائے گا' یا کسی اجتماع کی صدارت سونپ دی جائے گی۔ جیسے گائے بانجھ ہو جائے تو اسے گئو شالہ میں داخل دے دیتے ہیں۔اسی طرح اگر کوئی شاعر' شاعری ترک کردے تو اُسے کان سے پکڑ کر مشاعرے کی صدارتی کرسی تک پہنچا دیتے ہیں۔

بھائیو! اس "گئو رکھشا" پر میرے ساتھ ہمدردی کیجئے!

پرسوں کی بات ہے۔یہی سکریٹری صاحب جو مرغابی کی طرح گردن پھلائے

خوش خوش نظر آرہے ہیں میرے پاس ماتمی چہرہ لئے ہوئے تشریف لائے اور بولے ــــــ "فکر صاحب! براہ کرم آپ ہمارے مشاعرے کی صدارت قبول فرمائیے!"

میں نے کہا ــــــ "مگر آپ نے تو جناب بقل بطورا صاحب کو صدر بنانے کا اعلان کر رکھا ہے!"

وہ بولے ــ "افسوس! کہ کل وہ اچانک انتقال فرما گئے!"

سامعین حضرات! میں نے بہت مشکل سے آنسوؤں کو روک کر اسٹیج سکریٹری سے کہا ۔ آپ جس راستے پر مجھے ڈال رہے ہیں وہ سیدھا بقل بطورا صاحب کی طرف جاتا ہے ۔لیکن شعر و ادب کی خدمت کے لئے میں جہنم یا جنت دونوں جگہ جانے کے لئے تیار ہوں ۔ بھائیو! آپ نہیں جانتے کہ میرے جہنم جانے کی پیش کش پر اسٹیج سکریٹری صاحب کس قدر مسرور ہوئے ، جو لوگ دوسروں کی خوشی کے لئے مر جاتے ہیں۔ سُنا ہے کہ ان کا جنازہ مشاعرہ گاہ سے سیدھا قبرستان تک پہنچ جاتا ہے اور سامعین حضرات! جب مجھے ایک آراستہ کار میں بٹھا کر اس مشاعرہ گاہ تک لایا جا رہا تھا تو مجھے یوں محسوس ہو رہا تھا ۔ جیسے میں ایک بکرا ہوں اور مجھے قربانی کے لئے قصائی کے پاس لے جایا جا رہا ہے ۔ ابھی ابھی ایک صاحب نے میرے صدر بننے کی تائید فرمائی تھی ۔آپ کو ان کی تائید سے گمراہ نہ ہونا چاہیئے ۔ یہ ضروری نہیں کہ تائید انھوں نے دل کی گہرائیوں سے کی ہو ۔ نہیں جناب! تائید کرنا ایک عادت ہے جیسے سگریٹ پینے کی عادت، جھوٹ بولنے کی عادت، گالی دینے کی عادت ۔ صرف عادت پر ادبِ عالیہ کی بنیاد نہیں رکھی جا سکتی ۔ آپ یہ نہ سوچئے کہ وہ نہیں میرا صدر بننا پسند تھا بلکہ ان کی ٹریجڈی یہ ہے کہ وہ منہ پھٹ نہیں ہیں۔

جب سے اسٹیج سکریٹری نے میری گردن میں پھولوں کے ہار ڈالے ہیں۔ میں اپنے آپ کو آپ لوگوں سے الگ تھلگ محسوس کر رہا ہوں۔ جیسے میں آپ سے زیادہ معزز شخص ہوں۔ اندازہ لگائیے، صرف ۵۰ پیسے کے ہار سے جو انسان معزز بن جاتا ہے۔ سماج میں اس کی عزت ہمیشہ خطرے میں رہتی ہے کیونکہ پھولوں کا ہار نہایت کمزور بنیاد ہے ——— کل آپ میں سے کوئی بھی پچیس پیسے کا ہار خرید کر اپنی گردن میں ڈال لیگا اور کہے گا ——— "میں صاحب صدر ہوں ———" اس کا مطلب یہ ہے حضرات! کہ نہ میں معزز ہوں نہ آپ ہیں۔ معزز یہ ہار ہے! اگر ابھی ابھی ایک صاحب پچاس پیسے کے دو ہار پہن کر اسٹیج پر آجائیں اور کہیں کہ میں آپ سے ڈبل معزز ہوں! تو میں صدارت کا بائیکاٹ کر دوں گا۔ کیونکہ یہ اصول کا سوال ہے۔ آپ جانتے ہیں۔ اصول کے لئے لوگ "آتم داہ" تک کر لیتے ہیں۔ عزت یا تو اصول میں ہوتی ہے یا ہاروں میں۔ صدارت میں کبھی نہیں ہوتی۔

جناب! اگر یہ ہاروں والی صدارت کا قصہ آپ کو پسند نہ آیا ہو تو ایک اور صدر کا قصہ سن لیجئے۔ جس نے صدارت خریدی تھی۔ اس نے مشاعرے کے منتظمین کو ایک سو ایک روپیہ چندہ عنایت فرمایا۔ جب وہ صدارت کے لئے اسٹیج پر تشریف لائے تو صدارتی کرسی پر کوئی دوسرے صاحب تشریف فرما تھے۔ انھوں نے منتظموں کو ایک سو ایک بار جھاڑنے کے بعد پوچھا۔ "یہ کیا نان سینس ہے؟" اسٹیج سکریٹری نے معذرت طلب کرتے ہوئے کہا کہ ہمارا کوئی قصور نہیں۔ ان صاحب نے ایک سو اکیاون روپے کی پیش کش کر دی تھی۔ اس لئے ہم انھیں صدر بنانے پر مجبور ہو گئے۔

دوستو! میں ان دردناک حادثوں کا ذکر اس لئے کر رہا ہوں تاکہ آپ کو

یقین دلا سکوں کہ میں آپ سے زیادہ معزز نہیں ہوں ۔ موجودہ صدارت کے دوران مجھے برابر یہ کھٹکا لگا رہے گا کہ آپ میں سے کوئی بھی خوددار شخص اٹھ کر اسٹیج پر آ جائے گا اور کہے گا "فکر صاحب! کرسئ صدارت خالی کیجئے" اس پر میں بیٹھوں گا! کیونکہ میرا بنک بیلنس آپ سے زیادہ ہے!

لیکن اس کے باوجود جناب! مجھے نہ جانے کیوں یہ امید ہے کہ آپ ایسی اوچھی حرکت نہ کریں گے ۔ کیونکہ میں دیکھ رہا ہوں میری باتیں سن کر آپ کے چہرے زرد پڑ گئے ہیں اور زرد چہرے کبھی خوددار نہیں ہو سکتے ۔

اور شاید اب آپ انتظار کر رہے ہوں گے کہ میں کوئی صدارتی فرض ادا کروں گا ۔ نہیں صاحب! کرسئ صدارت پر بیٹھنے کے بعد صدر اپنے فطری انجام تک جا پہنچتا ہے اور اب میری حالت زیادہ سے زیادہ اس قیدی کی سی ہے جس کی آزادی کا گلا گھونٹ دیا گیا ہو ۔ آپ اندازہ نہیں لگا سکتے کہ صدر بن کر تین چار گھنٹے مسلسل کرسی پر معزز بن کر بیٹھے رہنا کتنا ذہنی عذاب ہے! اب میرے پاس اپنا کچھ باقی نہیں رہا' جو کچھ ہے' آپ حضرات کا ہے ۔ میں آپ کی تمناؤں کا غلام بن کر کرسی پر حاضر رہوں گا کرسی پر ہلکی سی کروٹ بھی لوں گا تو آپ سوچ لیں گے کہ صاحبِ صدر بور ہو رہے ہیں اور بور ہونا صدارت کی شان کے شایاں نہیں ۔ میرا سگریٹ سلگانا بدتمیزی سمجھا جائیگا میز پر عینک اتار کر رکھنا غیر مہذب فعل تصور ہوگا ——— یعنی میں اپنی حالتِ زار پر نہ رو سکوں گا' نہ ہنس سکوں گا ۔ جناب! میں سانس تک نہ لے سکوں گا! ورنہ شعراء حضرات سمجھیں گے میں انھیں ہوٹ کر رہا ہوں ۔ اب میں آپ کی آنکھیں بچا کر ہی انگڑائی لے سکوں گا ۔ اگر تازہ ہوا کے لئے دو چار منٹ کے لئے کھلی فضا میں جاؤنگا تو آپ سمجھیں گے مشاعرہ ختم

ہوگیا ہے۔

ہاں میرے پیارے دوستو! میں کوئی ایسی حرکت نہ کروں گا۔ جو انسان کی معصوم اور بھولی بھالی فطرت سے تعلق رکھتی ہوگی۔ آہ! آپ نے ایک نیچرل انسان کو اَن نیچرل بنا کر رکھ دیا ہے اور اس کے باوجود آپ کہتے ہیں کہ آپ نے میری عزّت کی ہے۔

ابھی ابھی آپ کے سامنے بڑے بڑے مقتدر شعراء اپنی تخلیقات پیش کرنے کے لئے تشریف لائیں گے۔ جب سے شاعری نے جنم لیا ہے میرا اور آپ کا یہ اندھ وشواس رہا ہے کہ شاعری آسمان سے اُترتی ہے اور شعراء حضرات پیغمبر ہوتے ہیں۔ ایک بار میں نے پیغمبر بننے کا تجربہ کیا تھا اور جس طرح کئی تجربے ناکام ہو جاتے ہیں، اُسی طرح میرا پیغمبر بننا بھی ناکام ہوگیا۔ حادثہ یہ ہوا کہ میں آسمان سے جو پیغام لایا تھا، زمین پر کسی کی سمجھ میں نہیں آیا۔ آسے ایک مثال سے سمجھنے کی کوشش کیجئے۔ ایک بار ایک کوا میری منڈیر پر یہ پیغام لے کر آیا کہ میری محبوبہ آنے والی ہے تو جناب! میں نے فرطِ مسّرت میں اُس کوّے کو پھل کھلائے، چائے پلائی، سگریٹ تک پیش کیا۔ لیکن اس پیغام کا نتیجہ یہ نکلا کہ میری محبوبہ کی بجائے کچہری کا بیلف آگیا۔ جو مجھے سرکاری قرضہ ادا نہ کر سکنے کے جرم میں گرفتار کرکے لے گیا۔

چنانچہ حضرات! میری پیغمبری کا بھی یہی انجام نکلا کہ میں کوّے کے پیغام کا مفہوم نہ سمجھ سکا۔ اِس لئے پکڑا گیا۔ میری شعریت بھی دوسروں کی سمجھ کی غلام تھی، اس لئے ناکام ہوگئی۔ کیونکہ میں ہتھکڑی کی بات کرتا تھا تو لوگ اُسے محبوبہ کی زُلفیں سمجھتے تھے۔ نتیجہ آپ کے سامنے ہے کہ میں شاعر کی بجائے صدر بنا بیٹھا ہوں!

چنانچہ میں نے شاعری ترک کر دی۔ لیکن ترکِ شاعری کے باوجود میں نے دیکھا کہ شاعری کی عظمت کم نہ ہوئی۔ مصیبت یہ ہے کہ ہر دور میں کئی شاعر ایسے ضرور پیدا ہوتے ہیں جو شور مچا دیتے ہیں کہ شاعری کا زوال قریب ہے اسے پھر بلندی عطا کرنی چاہیئے۔ یہ اوّل درجے کے شعراء کہلانے لگتے ہیں۔ یہ دیکھ کر دوسرے اور تیسرے درجے کے شعراء بہت پریشان ہو جاتے ہیں کہ اعلیٰ شاعری کو برباد کرنے کے لئے ان کا مشن فیل ہو رہا ہے۔ ان میں سے کئی دریا میں چھلانگ لگا کر مر جاتے ہیں اور مرنے سے پہلے دریا کے کنارے پر کاغذ کا ایک پُرزہ چھوڑ جاتے ہیں کہ یہ جاہل دُنیا اس کی عظمت کو سمجھ ہی نہ سکی۔ لیکن کچھ شعراء جو دریا کے ٹھنڈے پانی سے ڈرتے ہیں، خودکشی نہیں کرتے بلکہ تنقید نگار بن جاتے ہیں۔ ایسے ہی ایک شاعر نے انتقام لینے کی غرض سے ایکسپورٹ امپورٹ کا دھندا شروع کر دیا اور خوب نام اور دام کمایا۔ اس طرح ایک اور شاعر نے شاعری سے بدلہ لینے کے لئے "ناشاعری" شروع کر دی جس کے یہ چند مصرعے مجھے ابھی تک نہیں بھولے ——

میں اپنے والد کی کنجلی کا ایک منتہ ہوں۔\
جی میں آتا ہے کہ\
اپنے والد کی قبر پر گر دوں\
اور کہوں\
مجھ سے اپنی یہ جائداد واپس لے لو\
میرے اندر کا جو چُوہا ہے، لنڈھورا ہی بھلا۔\
اور پھر قبر پر زور سے قے کر دوں\
قے! —— یعنی جائداد لوٹا دوں!

لیکن سامعینِ کرام! شاعر چاہے خودکشی کرلے۔ چاہے کھجلی کا مستہ بن جائے۔ لیکن صرف ایسے ہی شاعروں کی بدولت مشاعروں اور مگزینوں کی رونق قائم رہتی ہے۔ یہ اتنا بڑا سماج جو مزدوروں سے لے کر یتیم خانوں سے ہوتا ہوا راج محلوں تک پھیلا ہوا ہے۔ صرف دو چار عظیم شاعروں کے بھروسے پر نہیں چل سکتا۔ غالبؔ، ٹیگور، اور اقبال سے اس سماج کا پیٹ نہیں بھر سکتا۔ یہی وجہ ہے کہ ہر غالبؔ اور اقبال کے پیچھے کئی ڈویژن شاعر ہوتے ہیں۔ ان میں سے ایک آدھ ڈویژن اس مشاعرے میں بھی موجود ہے۔ اگر اس مشاعرے میں صرف ٹیگور رہوتا تو مشاعرہ پندرہ بیس منٹ میں ختم ہو جاتا لیکن اب اللہ کے فضل سے یہ مشاعرہ رات کے تین بجے تک چلے گا۔ بڑے شاعر صرف بڑی باتیں کرتے ہیں لیکن سماج کو چھوٹی باتوں کی بھی ضرورت ہوتی ہے۔ چند دن ہوئے کافی ہاؤس میں دو شاعروں نے ایک دوسرے کے منہ پر کانچ کے گلاس پھینک کر ایک دوسرے کو لہولہان کر دیا کیونکہ دونوں ایک دوسرے کو گھٹیا شاعر کہہ رہے تھے حالانکہ دونوں اس بات پر متفق ہو چکے تھے کہ ٹیگور گھٹیا شاعر تھا۔

حضرات! میں دیکھ رہا ہوں کہ شعراء حضرات میرے خطبے سے بور ہو رہے ہیں اور اس سے پہلے کہ وہ مجھے ہوٹ کرنا شروع کر دیں، میں اسٹیج سکریٹری سے درخواست کرتا ہوں کہ وہ مشاعرے کا آغاز کر دیں اور مشاعرے کی حسین رعایت کے مطابق پہلے گھٹیا شاعروں کو مدعو کریں۔ اس کے بعد کم گھٹیا شاعروں کو اور پھر اُن سے کم گھٹیا شاعروں کو !!

قبر سے واپسی

اور پھر مرنے کے ایک ہفتے بعد قبر میں میری آنکھ کھل گئی۔

مگر یہ ہوا کیسے؟ میرا تو باقاعدہ انتقال ہو گیا تھا۔ اگر انتقال نہیں ہوا تھا تو میری یہ قبر کیسے بن گئی؟ —— ہو سکتا ہے کہ قبر کسی اور کے لئے کھودی گئی ہو اور موقع پا کر دفن مجھے کر دیا ہو۔ مگر نہیں، سماج ابھی اتنا کرپٹ نہیں ہوا کہ دوسروں کی قبر پر قبضہ کرنے کے لئے خود لاش بن کر لیٹ جائے۔

تو کیا یہ ڈاکٹر کی غلطی تھی؟ مگر ڈاکٹر تو بڑا کوالیفائیڈ تھا۔ میں اُسے اچھی طرح جانتا تھا۔ اس نے جتنے زندوں کو قبرستان پہنچایا تھا، ان میں سے ایک بھی زندہ ہو کر نہیں لوٹا تھا۔ میں بڑا پریشان ہوا۔ کس سے تصدیق کرائی جائے کہ میں مر چکا ہوں یا نہیں؟ چنانچہ میں نے قبر میں لیٹے لیٹے آواز دی ——

"کوئی ہے؟"

جواب میں جیسے گنبد کی سی صدا آئی: ——— "کوئی ہے ؟"

میں نے پوچھا، "تم کون ہو ؟ ڈاکٹر ڈنگا سنگھ ہو ؟"

جواب آیا، "نہیں! میں فکر تونسوی ہوں۔"

تھینک گاڈ! میں نے سوچا، اپنی ہی جان پہچان کا بندہ مل گیا۔ یہ میرے ساتھ بلیک میل نہیں کرے گا۔ چنانچہ میں نے پوچھا۔ "تم کہاں ہو قبلہ ؟"

"میں تمہارے اندر ہوں۔"

"اندر ہو ؟ مگر تم تو باہر نکل گئے تھے! تم تو انتقال کر گئے تھے! لوٹ کیوں آئے ؟"

جواب میں کچھ سسکیاں سی سنائی دیں، جیسے کوئی نادم ہو، بے حد پچھتا رہا ہو۔ جیسے کوئی بچہ گھر سے لڑ جھگڑ کر نکل جائے اور دن بھر بھوکا پیاسا رہنے کے بعد گھر لوٹ آئے اور دیوار سے لگ کر سسکیاں بھرنے لگے۔

میں نے پوچھا، "رو کیوں رہے ہو فکر تونسوی ؟ میں پوچھ رہا ہوں انتقال کے بعد لوٹ کیوں آئے ؟"

وہ بولا۔ "دراصل غلط فہمی ہو گئی تھی ——— یعنی انتقال میرا نہیں ہوا تھا، تمہارا ہوا تھا۔ میں تو تمہاری روح تھی۔ تمہارے جسم سے نجات پا کر بڑی خوشی ہوئی تھی کہ چلو اس بے ہودہ انسان سے پنڈ چھوٹا، اب کسی معقول جسم میں جا کر کچھ دن عیش کروں گی۔ چنانچہ ہفتے بھر تک مختلف جسموں کے دروازے کھٹ کھٹاتی پھری۔ ایک بادشاہ کے گھر گئی، ایک رئیس کے گھر ایک نواب کے یہاں، ایک سمگلر کے درِ دولت پر ——— یہاں تک کہ ایک مٹھ کے مہنت کے یہاں بھی گئی، مگر کسی نے بھی دروازہ نہیں کھولا۔ سب نے جواب

دیا، "گوبیک! ہم یہ بلا اپنے گلے نہیں منڈھیں گے، جہنم میں جاؤ"۔

میں ہنس دیا۔ "تو چلی جائیں جہنم میں"۔

وہ بھی ہنس دی۔ "آلو گئی ہوں جہنم میں۔ فکر تونسوی اور جہنم، دونوں ایک دوسرے کا ترجمہ ہی تو ہیں"۔

"کتنا غلط ترجمہ ہے!" میں نے ٹھنڈی آہ بھر کر کہا۔ "کاش! اس جہنم کا دروازہ بھی تم پر بند رہتا"۔

"کیسے بند رہتا؟ تم تو اپنے تھے، غیر تھوڑے ہی تھے! چلو نکلو اس قبر سے باہر چلیں"۔

اور میں اپنی گھسی پٹی روح کے ساتھ قبر سے باہر نکل آیا۔ قبر کی مٹی ابھی کچی تھی۔ پختہ نہیں کی گئی تھی۔ شاید میرے رشتہ دار اور مداح پختہ قبر کے لئے ابھی چندہ فراہم کرنے میں مصروف تھے ـــــــ جیسے ہی میں نے قبر سے سر باہر نکالا، دو آدمی جو شاید میری قبر کی مٹی کھود رہے تھے، مجھے دیکھتے ہی دُم دبا کر بھاگے۔ میں نے پیچھے سے آواز دی۔ "تم کون ہو بھائیو! میری قبر پر دیا جلانے آئے تھے یا میرا کفن چرانے؟ اور اب دوبارہ بھی آؤ گے یا یہ تمہارا آخری وزٹ تھا؟"

مگر میری آواز پر ان کی رفتار اور بھی تیز ہو گئی ـــــــ اتنی تیز کہ ان میں سے ایک تو جھاڑی میں اُلجھ گیا اور پھر جھاڑی سمیت ہی بھاگتا چلا گیا، اور جیسے دل ہی دل میں کہتا گیا: "واہ فکر تونسوی! ہمیں تم سے ایسی توقع نہیں تھی۔ بیکار میں ہمارا قیمتی وقت ضائع کر دیا۔ اتنے وقت میں تو ہم کسی کے کھیت سے گنے توڑ لیتے یا خدا کی عبادت کر لیتے"۔

مجھے ان کی مایوسی پر واقعی صدمہ ہوا کہ میں زندگی میں تو کسی کے کام

نہیں آسکا، مرنے کے بعد بھی کسی کے کام نہ آیا۔ اگر وہ کفن چور بنتے تو کم از کم میرا چند گز کفن ہی حاصل کر لیتے اور اگر دیا جلانے والے تھے تو خدا ان کے کچھ گناہ ہی بخش دیتا۔ میری بدولت انہیں کچھ تو مل جاتا ——— مگر آہ ! یہاں بھی انہیں فکر تونسوی کے سوا کچھ نہیں ملا۔

میں نے دیکھا کہ میری قبر کے باہر ایک تختی لگی ہوئی تھی۔ کچی قبر کی طرح یہ ایک کچی سی تختی تھی، جس پر کچی سیاہی سے تحریر تھا:

"یہاں طنز نگار فکر تونسوی ابدی نیند سو رہا ہے۔ وہ مر گیا، لیکن اپنی چھوڑی ہوئی حماقتوں کے باعث لافانی رہے گا"۔

"تاریخ پیدائش: جس دن قیصر جرمنی مرا تھا۔

تاریخ وفات: جس دن کوئی بھی نہیں مرا، سوا فکر تونسوی کے۔

تختی پڑھ کر مجھے یاد آیا کہ یہ سب فقرے میرے ہی ایک مضمون سے چرائے گئے ہیں۔ مجھے اپنے مداحوں اور رشتے داروں کے ذہنی افلاس پر بڑا افسوس ہوا کہ وہ میری موت پر دو اوریجنل فقرے بھی نہیں لکھ سکے۔ اگر نہیں لکھ سکتے تھے تو تختی کے نیچے کم از کم میرے مضمون کا ہی حوالہ دے دیتے۔

جب میں قبر سے باہر نکلا تو کھلی فضا اور ٹھنڈی ہوا تھی جس میں قریب کی ایک ربڑ فیکٹری کا کڑوا کسیلا دھواں ملا ہوا تھا۔ یہ فیکٹری ابھی حال ہی میں سیٹھ چھگن لال نے بنائی تھی، وہ اب بھی گورنمنٹ کے ساتھ خط وکتابت کر رہا تھا کہ اس قبرستان کو یہاں سے ہٹا کر آبادی سے دور لے جایا جائے اور یہ قبرستان مجھے الاٹ کر دیا جائے تاکہ میں فیکٹری کو پھیلا کر ملک اور قوم کے لئے زیادہ سے زیادہ ربڑ پیدا کر سکوں۔

میں نے سنا تھا کہ لاشیں سڑاند پیدا کرتی ہیں مگر یہاں لاشوں کے بجائے

ریہرسل پیدا کر رہی تھی۔

اپنے کفن کو تہبند کی طرح جسم پر لپیٹے ہوئے میں نے شہر جانے کی ٹھانی۔ ارد گرد کی قبروں میں پڑے ہوئے مردوں پر حسرت کی ایک نگاہ ڈالی اور ان سے کہا:

اب تو جاتے ہیں مے کدے سے میرؔ
پھر ملیں گے اگر خدا لایا

شہر کے بڑے گیٹ کے باہر ایک سٹال پر آج کا اخبار دیکھا۔ خرید نہیں سکا، کیوں کہ پیسے ہی نہیں تھے۔ اخبار میں وہی پرانی خبریں تھیں ——— گھیراؤ، ہڑتالیں، بھومی چھینو اندولن، کیبرے ڈانس کے اشتہار۔ کچھ بھی تو نہیں بدلا تھا۔ اخبار پڑھ کر یوں لگا جیسے باسی روٹی کھا رہا ہوں۔ اچانک ایک اخبار پر نظر پڑ گئی، جو میرے ایک جیوتشی دوست جناب کھجورانند کی طرف سے شائع کیا گیا تھا۔ لکھا تھا:

فکر تونسوی کا انتقال ——— پیش گوئی سچ نکلی

مشہور جیوتشی آچاریہ جناب کھجورانند جی نے دو برس پہلے طنز نگار فکر تونسوی کی موت کی پیش گوئی کی تھی کہ آپ باون سال اور ڈیڑھ گھنٹے کے بعد اپنے بال بچوں اور قرض خواہوں کو روتا دھوتا چھوڑ کر چلے جائیں گے یہ پیش گوئی منٹ اور سیکنڈ کی حد تک صحیح نکلی ——— لہٰذا اپنے مستقبل کے حالات جاننے کے لئے جیوتشی کھجورانند کی خدمات حاصل کیجئے!

اشتہار پڑھ کر میں اُداس ہو گیا - میرے زندہ سلامت لوٹ آنے پر بے چارے کھجو رانند کے بزنس کو شدید دھکا لگے گا - کیا میں دنیا کا بزنس تباہ کرنے کے لئے واپس آیا ہوں ؟ میں کھجو رانند سے مل کر اسے مشورہ دونگا کہ تم ایک خنجر اٹھا کر مجھے دوبارہ مار دو !

میں نے ایک اسکوٹر رکشا والے کو اشارے سے روک لیا ——— "مرتی نگر چلو گے ؟"

ہمارے دہلی شہر میں یہ رواج تھا کہ اگر اسکوٹر رکشا والے سے چاندنی چوک چلنے کے لئے کہا جائے تو جواب دے گا کہ میں تو انڈیا گیٹ جاؤں گا اور اگر انڈیا گیٹ چلنے کے لئے کہا جائے تو کہے گا، شاہدرہ چلنا ہو تو لے چلوں گا۔

مگر اس سکوٹر والے نے کوئی جواب نہیں دیا، بلکہ ٹکٹکی باندھ کر مجھے گھورنے لگا۔ میرے بدن پر سستا سا ریشمی کفن بندھا دیکھ کر بولا ——"آپ کون ہیں ؟ یہ مُردے کا کفن کیوں باندھ رکھا ہے ؟"

میں نے کہا —"میں فکر تونسوی ہوں، یہ کفن میرا اپنا ہے، چُرایا ہوا نہیں ہے"۔

"فکر تونسوی ہو ؟" اسکوٹر ڈرائیور گھبرا کر اپنی سیٹ سے اچھلا —"مگر وہ تو انتقال کر گیا ہے، اور تم ؟" یہ کہتے کہتے وہ اسکوٹر چھوڑ کر تیزی سے بھاگ گیا۔ شاید وہ مجھے بھوت سمجھ کر بھاگا تھا - میری حالت بھی کسی بھوت سے مختلف نہیں تھی - بے ہنگم بڑھی ہوئی داڑھی، سر کی بجائے بدن پر کفن، بھوک پیاس سے ہڈیاں باہر اور آنکھیں اندر۔ جسم پر جگہ جگہ مٹی لتھڑی ہوئی اور پاؤں سے بھی ننگا (حیرت ہے کہ دفن کرتے وقت مُردے کو جوتا کیوں نہیں

پہنایا جاتا؟)

تھکن، بھوک، توہین اور اُداسی ——— جو عام ہندوستانی کے نصیب میں ہے، میں بھی ان کا مجموعہ بنا ہوا تھا۔ اب میری پوزیشن بڑی عبرتناک تھی۔ نہ میں اپنے گھر جا سکتا تھا، نہ واپس قبرستان جا سکتا تھا۔ سگریٹ پینے کی خواہش تیزی سے اُٹھی مگر جیب میں ایک پیسہ نہیں تھا، بلکہ سرے سے جیب ہی نہیں تھی۔ پہلے اپنے آپ کو فکر تونسوی کہہ کر میں کسی بھی دکاندار سے سگریٹ ادھار لے سکتا تھا مگر اب؟ حالانکہ میں سو فی صدی وہی فکر تونسوی ہوں لیکن کوئی مجھے ایک سگریٹ تک اُدھار نہیں دے گا۔ مرنے کے بعد فکر تونسوی اپنا اعتماد، اپنی ساکھ کھو چکا تھا۔ آہ! صرف سات دن میں فکر تونسوی کیا سے کیا ہو گیا تھا!

تھکا ہارا، آہستہ آہستہ چلتا ہوا میں قریبی کمیونٹی ہال کی سیڑھیوں پر جا بیٹھا۔ سیڑھیوں کے اُوپر کپڑے کا ایک بڑا سا نیلے رنگ کا ماٹو لگا ہوا تھا:

طنز نگار فکر تونسوی کی یاد میں ماتمی جلسہ ———

رائیٹرز اینڈ جرنلسٹ ایسوسی ایشن کی طرف سے

ماٹو پڑھ کر میرے دل میں ہوک سی اُٹھی۔ جی چاہا کہ موت کے بعد عزت کا کفن پہنانے والے احباب سے ملوں اور ان کے گلے سے لپٹ لپٹ کر روؤں اور کہوں، "یارو! میری جدائی میں ٹھنڈی آہیں مت بھرو، کہ میں لوٹ آیا ہوں۔"

میں پھونک پھونک کر قدم رکھتا ہوا ہال کے اندر داخل ہوا، اور احساس کمتری کے مارے سب سے پچھلی بینچ پر ایک کونے میں بیٹھ گیا۔ سارے ماحول پر

اداسی اور غم کی گھٹائیں چھائی ہوئی تھیں۔ اسٹیج کے سیاہ پردے کے پیچھے سے ایک ماتمی دھن بج رہی تھی۔ کتنی لطیف دُھن تھی! ماتم میں بھی کتنی گہرائی اور کتنا وقار ہوتا ہے۔ جی چاہا کہ یہ دھن بجتی رہے ——— بجتی رہے ——— بجتی رہے اور میں مرا رہوں ——— مرا رہوں۔

اتنے میں جلسے کا سکریٹری مائیک پر آیا۔ میں اُسے جانتا تھا۔ اس نے ایک ادبی میگزین میں ایک مرثیہ لکھا تھا: "فکر تونسوی کے طنز کی موت اسی دن واقع ہو گئی تھی جس دن اس نے طنزیہ مضامین لکھنے شروع کئے تھے" اور میں نے یہ فقرہ پڑھ کر کہا تھا: "اگر یہ فقرہ دل کش نہ ہوتا تو میں اس حاسد شخص کے منہ پر طمانچہ لگا دیتا۔" اب سکریٹری نے رُندھے ہوئے گلے سے کہنا شروع کیا:

"دوستو! مقامِ تاسف ہے کہ آج ہمارا محبوب و مقبول طنز نگار فکر تونسوی ہماری محفل میں موجود نہیں ہے، وہ ہمارے طنزیہ ادب کو سُونا کر کے چلا گیا۔"

ماتم گسار احباب نے دفورِ جذبات سے داد کی تالیاں بجائیں۔ ایک تالی میں نے بھی بجائی، اور طنزیہ ادب کو سُونا کرنے کے غم میں شریک ہوا۔

اگلی نشستوں پر دو صاحب بیٹھے کھسر پھسر کرنے لگے۔ ایک نے کہا:

"حرام زادہ! بکواس کر رہا ہے! فکر تونسوی سے تو یہ انتہائی نفرت کرتا تھا۔"

دوسرا بولا: "اور میں نے سنا ہے کہ اس نے مرحوم کی بیوہ کی امداد کے لئے پانچ ہزار روپے چندہ اکٹھا کیا ہے، جس میں آدھا ہڑپ کر گیا ہے۔"

"ہی ہی ہی! کیوں نہ کرتا؟ یہ خود بھی تو ایک بیوہ ہے۔"

اس کے بعد صدرِ جلسہ نے مرحوم فکر تونسوی کی قدِ آدم تصویر کو ایک پھول مالا پہنائی۔ پھول مالا کی خوشبو اور ملائمت مجھے اپنے بدن میں محسوس ہونے لگی۔ بعض اوقات ٹریجڈی بھی کتنی ملائم اور معطر ہوتی ہے! میں جیسے مستی میں لہرا

سا گیا۔ صدر جلسہ نے پھول مالا پہناتے وقت گلوگیر لہجے میں ایک شعر پڑھا:

سب کہاں، کچھ لالہ و گل میں نمایاں ہو گئیں
خاک میں کیا صورتیں ہوں گی کہ پنہاں ہو گئیں

حاضرین میں سے ایک ینگ ٹرک قسم کا ادیب بے اختیار پکار اٹھا: "ہائے ظالم نے کتنا صحیح شعر کتنے غلط موقع پر پڑھا ہے"!

میرے ایک انتہائی مداح دوست نے اسے گردن سے پکڑا اور کشاں کشاں باہر جا کر پھینک آیا۔

اس کے بعد صدر جلسہ نے ماتم گسار احباب کو تقریریں کرنے کی اجازت دی اور ہر ایک نے ثابت کر دیا کہ صرف وہی فکر تونسوی کو قریب سے جانتا تھا ایک ڈاکٹر صاحب نے کہا کہ مرحوم کو جب بھی کھانسی ہوتی تھی، مجھ سے ہی گولیاں لے جاتا تھا اور یہ گولیاں ادبی خدمات کے سلسلے میں دی جاتی تھیں۔ ایک جرنلسٹ دوست نے دعویٰ کیا کہ ایک بار مرحوم نے میرے ساتھ شملے تک کا سفر کیا تھا تو اس نے انہیں راستے میں آلوچے کھلائے تھے۔ ایک پبلشر نے تین فقروں میں تین بار ٹھنڈی آہ بھرتے ہوئے تین بار اس بات کا ذکر کیا۔ مرحوم اپنی موت سے کچھ دن پہلے مجھ سے ایک سو روپے ادھار لے گئے تھے اور ان سے اپنی قمیض پتلون سلوائی تھی۔ میں چاہتا ہوں کہ جب مرحوم کا میموریل ہال بنایا جائے تو اس پتلون قمیض کو میری خاص یادگار کے طور پر اس میں ضرور رکھ دیا جائے"!

میرا جی چاہا کہ اٹھ کر اس پبلشر کا پردہ چاک کر دوں۔ لیکن پھر یہ سوچ کر خاموش بیٹھا رہا کہ مرحوم لوگوں کا اعتبار کون کرتا ہے؟

ایک اور صاحب اٹھے۔ وہ انتہائی گھٹیا شاعر اور انتہائی امیر آدمی تھے۔ وہ

بڑے طیش میں تھے۔ میز پر مکا مارتے ہوئے گرج کر بولے: ——"میں . . . میں . . . . . میں، ساہتیہ اکیڈمی سے پوچھتا ہوں کہ مرحوم کو ادبی ایوارڈ کا مستحق کیوں نہیں سمجھا گیا تھا؟ اور اگر زندگی میں نہیں سمجھا گیا تو کم از کم موت کے بعد ہی انہیں ایوارڈ دے دیا جائے"!

اس پر 'شیم شیم' کے نعرے لگائے گئے۔ نہ جانے فکر تونسوی کو 'شیم شیم' کہا گیا یا ساہتیہ اکیڈمی کو؟ بہر کیف غصے اور جوش کی متفقہ تالیوں کی گونج میں اس تجویز کی تائید کر دی گئی۔

ماتمی میٹنگ کے خاتمے سے چند منٹ پہلے صدر جلسہ اٹھ کر چلے گئے۔ کیوں کہ انہیں ایک سفارت خانے کی کاک ٹیل پارٹی میں شرکت کرنا تھی۔ مگر جاتے جاتے وہ ماتمی فنڈ میں ایک سو ایک روپیہ چندہ دینے کا اعلان کر گئے اور باقی ماندہ حضرات نے انسانیت کے بوجھ تلے دب کر جس طرح چندہ ادا کیا اس کے لئے پورے ایک ایکٹ کے ڈرامے کی ضرورت ہے!

ایک ایکٹ کے اس ڈرامے میں کلائمکس اس وقت پیدا ہوا، جب سیاہ ساڑھی میں ملبوس میری بیوہ بیوی کو مائیکروفون پر آنسو بہانے کے لئے لایا گیا۔ اس نے سہاگ کی آخری چوڑی سٹیج پر توڑی، ماتھے کا سیندور اور بندی مٹائی، آنکھوں کا کاجل پونچھا اور پھر ان میں آنسو بھر لائی —— اس ماتمی حالت میں میری بیوی مجھے انتہائی دل کش اور دل ربا لگی۔ بیواؤں کی شخصیت میں بھی ایک عجیب سی سُتی سُتی، بھیگی بھیگی جاذبیت ہوتی ہے۔ میں نے جی ہی جی میں کہا: "اے ظالم! تو میرے جیتے جی بیوہ کیوں نہیں بنی تھی؟"

اس کی مسلسل سسکیوں سے محفل کی تمام آنکھیں نمناک ہو گئیں۔ میری آنکھوں میں بھی آنسو آ گئے۔ مگر یہ غم کے نہیں، خوشی کے آنسو تھے کہ کم از کم

میری موت کے بعد تو مجھے بیوی کی محبت ملی' ورنہ اس سے پہلے جب بھی اس کی آنکھوں میں آنسو آتے تھے' اپنی ماں کی یاد میں ہی آتے تھے۔

اور پھر میری بیوی کی خاموش ماتم گساری سے محفل پر ایسی رقّت طاری ہوئی کہ کسی کے منہ سے کوئی لفظ تک نہیں نکلتا تھا' نہ آہ کا' نہ واہ کا' چنانچہ محفل کی ناگفتہ بہ حالت دیکھ کر سکریٹری نے جلسہ کے خاتمے کا اعلان کر دیا ——— اور "فکر تونسوی میموریل کمیٹی" کے پانچ معزز ممبران میری بیوہ کی دل جوئی کے لئے قریبی ریسٹوراں میں چلے گئے۔ یہ ریسٹوراں کافی اور آملیٹ کے لئے بہت مشہور تھا۔ کاش! میں ان سے اتنا کہہ سکتا: "حضرات میرے نام کے چندے میں سے ایک کافی اور آملیٹ اس بدنصیب کو بھی مل جاتے۔"

ہال ماتم کرنے والوں سے خالی ہو گیا۔ میں آخری آدمی تھا جو اپنی نشست پر بیٹھا رہا ——— بیٹھا رہا ——— بیٹھا رہا ——— نہ جانے کتنے سال بیٹھا رہا' نہ جانے کتنی صدیاں' کہ اچانک کسی نے میرا کندھا جھنجوڑا اور ایک کرخت سی آواز آئی: "صاحب اٹھیے' میٹنگ ختم ہو گئی۔"

اور میری صدیوں کی نیند کھل گئی۔ میرے سامنے کمیونٹی ہال کا چپراسی کھڑا تھا اور میں نے ہڑبڑا کر پوچھا "میں کہاں ہوں؟"

چپراسی ہنس دیا "فکر صاحب! آپ کمیونٹی ہال میں ہیں۔ آپ ملک کے مشہور شاعر جناب گھائل نامرادآبادی کے ماتمی جلسے میں شرکت کے لئے آئے ہوئے تھے۔ جلسہ کب کا ختم ہو گیا۔ آپ گھر نہیں جائیں گے کیا؟"

میرا پنر جنم

اور پھر ایک دن یُوں ہوا کہ میرا پُنر جنم ہوگیا!

گردوپیش نظر ڈالنے سے معلوم ہوا کہ میری بیوی نے میرے ساتھ پنر جنم نہیں لیا۔ کیوں کہ وہ مجھ سے بور ہوچکی تھی اور کہا کرتی تھی کہ اب وہ کسی جنم میں بھی میرا ساتھ نہیں دے گی۔ میرا ذاتی خیال بھی یہی ہے کہ بیویوں کے ساتھ صرف ایک جنم کی رفاقت ہی کافی ہوتی ہے۔ بیوی ایک لطیفہ ہے جو ایک بار دہرانے سے ہی باسی ہو جاتا ہے۔

درحقیقت مَیں دوبارہ جنم نہیں لینا چاہتا تھا کیوں کہ میرا عقیدہ یہ تھا کہ آتما ایک مُرغے کی مانند ہے جو ہر جنم میں کُڑکُڑ دل کُوں ہی کرتا ہے۔ اس کے صوتی اثرات میں کوئی خاص تبدیلی نہیں آتی اس لئے صدق دل سے میری یہ خواہش تھی کہ میری آتما یا تو روحِ عظیم یعنی بھگوان میں ضم ہو جائے اور اگر یہ ممکن نہ ہو تو مجھے انسان کی بجائے اُلّو بنا دیا جائے کیوں کہ اُلّو احساس سے

عادی ہوتا ہے اور احساس ہی پچھلے جنم میں میری سب سے بڑی اذیت تھا۔

لیکن میرے خیالات، بھگوان کے خیالوں سے لگا نہ کھا سکے اور بھگوان نے اپنے اختیاراتِ خصوصی کا استعمال کرتے ہوئے مجھے پھر انسان کے گھر پیدا کر دیا۔ آہ! انسان کو اُلّو بننا بھی نصیب نہیں!

جس گھر میں مجھے دوبارہ پیدا کیا گیا۔ وہ میرے سابقہ گھر سے صرف آٹھ گز کے فاصلے پر تھا یعنی صرف دو مکان چھوڑ کر تیسرے مکان میں مجھے پیدا کر دیا گیا۔ خالقِ دو جہاں کی کائنات اتنی وسیع و عریض تھی کہ وہ اگر مجھے کسی اور جگہ پیدا کر دیتا تو ذرا اورائٹی پیدا ہو جاتی اور اگر میں آتا ہی گیا گذرا تھا تو مجھے کانگو میں پیدا کر دیتا، جزیرہ سماٹرا میں پیدا کر دیتا۔ لندن بھی کوئی بُرا نہیں تھا۔ ذرا اندازہ لگائیے کہ جس گلی کے ایک سرے سے میری لاش نکلی، اسی گلی کے دوسرے سرے سے میری روح پھر داخل ہو گئی۔ تعجب یہ ہے کہ میری آتمانے دو جنموں کے درمیان صرف دو مکانوں کا فاصلہ طے کیا۔ بعض آتمائیں کتنی سست رفتار اور کاہل ہوتی ہیں اور وہ بھی راکٹ کے زمانے میں؟

میرے سابقہ والد صاحب کا نام کشن داس تھا۔ موجودہ والد صاحب کا نام لبھن داس تھا۔ دونوں کسی ایک ہی غزل کے قافیے ہوتے تھے۔ دونوں پڑوسی تھے اور پڑوسی ہونے کے باعث رواج کے مطابق ایک دوسرے کے جانی دشمن تھے اور پھر ابھی دونوں کا پنر جنم بھی نہیں ہوا تھا۔ دونوں بدستور بقیدِ حیات تھے۔ انسانی رشتوں کی تاریخ میں شاید یہ سب سے پہلا واقعہ تھا کہ ایک بیٹے کے دو باپ تھے۔ دونوں جائز باپ تھے اور دونوں زندہ تھے۔

دو کشتیوں میں پاؤں رکھنے کا احساس مجھے اس وقت ہوا جب میں نے ہوش کی آنکھ کھولی جب میں چھ سال کی عمر کو پہنچا تو مجھے اپنے گردو پیش کی ہر شئے جانی پہچانی لگی۔ وہی گلی، وہی درو دیوار، وہی گلی کے نیرے پر چارپائی پر بیٹھا کھانستا ہوا بابا مکندا جو گلی کی مہترانیوں پر یہ کہہ کر دھونس جمایا کرتا تھا کہ میرا بھائی کسی زمانے میں میونسپل کمشنر تھا۔ لہٰذا تمہیں نوکری سے برخاست کرا دوں گا۔ وہی بیرہ رام دلاری، جس کے باقاعدہ ننگے بچے دھول مٹی میں رُلا کرتے تھے اور جنہیں میرے دو جنموں کے وقفے میں بھی تن ڈھانکنے کا لباس مہیا نہیں ہوا تھا اور وہی میرا چھوٹا بھائی کالو جو آوارہ تھا اور سینما کی ٹکٹیں بلیک میں بیچا کرتا تھا اور کہا کرتا تھا۔ ”بھگوان ہر ایک کو روزی دیتا ہے خواہ کسی طریقے سے دے۔“

ہوش سنبھالنے کے دو چار مہینے تک تو میں حیرت زدہ رہا اور ”خاموشی معنی دارد۔۔۔“ پر عمل کرتا رہا۔ آہستہ آہستہ پچھلے جنم کی بہت سی باتیں میرے ذہن کے سمندر پر لاشوں کی طرح تیر تیر کر اُوپر اُبھرنے لگیں اور میرے اعصاب میں ایک کلبلاہٹ سی پیدا ہو گئی۔ اور ایک دن جیسے میں بے اختیار ہو کر پھٹ پڑا اور اپنے والد بشن داس سے عرض کیا۔ ”قبلہ! گستاخی معاف! آپ میرے والد نہیں ہیں۔“

والد صاحب قبلہ مسکرا دیئے جیسے ہر باپ اپنے بچے کی معصوم شرارت پر خوش ہو جاتا ہے اور بلند آواز سے بولے۔ ”میں نے کہا بیگم! سنا تم نے۔۔۔؟ صاحبزادے کیا فرماتے ہیں؟ ہی ہی ہی!“

میں نے مکرر عرض کی ”مگر وہ بھی میری والدہ نہیں ہیں۔“

اس پر والد صاحب قبلہ سنجیدہ ہو گئے اور ایک سا تھپڑ ارشاد کرتے

ہوئے بولے:

"اے ناہنجار تم کون ہو؟"

"میں فکر تونسوی ہوں"

"فکر تونسوی؟" والد صاحب کو نام کچھ آشنا سا معلوم ہوا۔ شاید وہ تحریروں کا مطالعہ کرتے رہے ہوں گے۔ بڑے تیقن سے بولے: "مگر وہ تو انتقال کر چکا ہے"۔

میں نے تصریحاً کہا: "بجا فرمایا۔ لیکن فکر تونسوی کا مستقل انتقال نہیں ہوا۔ دراصل اسے کسی نے قتل کر دیا تھا اور......"

"میں جانتا ہوں"

"اور اس کے بعد......"

"اور اس کے بعد تم سیدھے ہمارے گھر آ گئے۔ انھوں نے شاید دل ہی دل میں کہا اور پھر اس ڈر سے کہ کہیں یہ واقعی فکر تونسوی نہ ہو۔ میرا امتحان لینے کی خاطر پوچھنے لگے۔

"اچھا بتاؤ، تمہارے والد کا کیا نام تھا؟"

"کشن داس"

"کیا کام کرتا تھا؟"

"ہلدی میں ملاوٹ کرتا تھا"

والد صاحب کے چہرے کا رنگ ہلدی کی طرح زرد ہو گیا۔ یہ جوابات تو سو فی صد صحیح تھے۔ مزید زرد ہونے کے لئے انھوں نے کچھ مزید سوالات پوچھے۔ جن کے جواب میں نے سو فی صد صحیح دئے۔ مثلاً یہ کہ رام دھن بزاز کی بیوی برہم کماریوں کے ساتھ بھاگ گئی تھی اور علاقہ کے سکول کے پرنسپل

جگن ناتھ اور مندر کا پجاری شو شمبھو پرشاد ایک بھگتنی کو بھگوان کے براہِ راست درشن کرانے کے لئے اغوا کر کے لے گئے تھے وغیرہ وغیرہ وغیرہ.....

ان انکشافات نے میرے والد صاحب کی حالت دگرگوں کر دی اور جب انھوں نے والدہ صاحبہ کو بتایا کہ ہمارے گھر میں جس بیٹے نے جنم لیا تھا وہ پچھلے جنم میں شاعر اور ادیب تھا تو والدہ صاحبہ نے سر پیٹ لیا کہ ہائے بھگوان! ہم نے کون سے بُرے کام کیے تھے کہ ہمارے گھر شاعر پیدا ہو گیا ہے مگر میں نے والدہ محترمہ کو تسلی دی کہ اس مرتبہ شاعر نہیں بنوں گا بلکہ ایکسپورٹ امپورٹ کا بزنس کروں گا۔ تو وہ روتے ہوئے بولی ——"تمہارا کیا اعتبار ہے بیٹیا! تمہارا صرف قالب بدلا ہے آتما تو وہی ہے اور آتما اپنی خاصیت تھوڑے بدل دیتی ہے۔"

آہستہ آہستہ سارے محلے اور شہر میں غوغا مچ گیا کہ لشن داس کمیشن ایجنٹ کے گھر جس بچے درشن کمار نے جنم لیا ہے وہ دراصل فکر تونسوی ہے۔ ہوتے ہوتے یہ خبر میرے سابقہ والد صاحب کشن داس جی تک بھی پہنچی تو انہیں بے حد رنج ہوا اور سنا ہے۔ انھوں نے اپنے ایک دوست سے کہا۔"دھتکار ہے ایسے بیٹے پر۔ ارے! جب تو جانتا تھا کہ کشن داس سے ہماری دیرینہ ناچاقی ہے تو اس کے گھر کیوں پیدا ہوا تو انتہائی ناخلف نکلا۔ کئی بیٹے زندگی میں نہیں، مرنے کے بعد ناخلف نکلتے ہیں۔"

قبلہ والد صاحب (سابقہ) کے اس اندازِ فکر پر مجھے بڑا افسوس ہوا۔ اور پھر معلوم ہوا کہ وہ آواگون کی تھیوری کے ہی مخالف ہو گئے ہیں اور دنیا بھر سے کہتے پھرتے ہیں کہ وہ میرا بیٹا ہے ہی نہیں اور یہ پُنر جنم کا فلسفہ سراسر ڈھونگ ہے .... آہ! انسان کس طرح اپنی ایک چھوٹی سی حقیر خود غرضی

کی خاطر بڑے بڑے فلسفوں کو حقیر بنا کر رکھ دیتا ہے۔ حالانکہ مجھے بخوبی یاد تھا کہ والد صاحب آواگون کے فلسفے کے پُرجوش حمایتی تھے اور فرماتے تھے کہ فکر بیٹا! تمہاری والدہ پچھلے جنم میں ایک بھینس تھی۔ ایک بار میں نے اس بھینس کو ایک ڈنڈا رسید کیا تھا تو اس نے دھمکی دی تھی کہ میں اس کا انتقام لوں گی۔ چنانچہ فکر بیٹا! اب وہ میری بیوی بن کر مجھ سے انتقام لے رہی ہے۔

میرے پُنر جنم پر شائقین جوق در جوق میری زیارت کو آنے لگے۔ ان شائقین میں میری محبوبہ بھی شامل تھی جو مجھے چوری چھپے دیکھنے آئی۔ پہلے تو میرے ہجر پر روتی تھی۔ اب میرے حال پر روئی۔ کیوں کہ اب مجھ پر عشق کی بجائے بچپنا سوار تھا۔ اور میں والد صاحب (سابقہ) قبلہ کی نظر بچا کر چوری چھپے اپنی بیوی کو دیکھ آیا۔ اور بیوی کی بیوگی کو دیکھ کر چوری چھپے روتا رہا۔ یہ ایک عجیب دردناک صورتِ حالات تھی کہ ایک عورت کا خاوند موجود تھا اور سماج اسے بیوہ کہے جا رہا تھا!

شہر کے اخباروں نے ایک جدت یہ کی کہ میرے پچھلے جنم اور موجودہ جنم کے فوٹو ساتھ ساتھ شائع کر دیئے اور اس طرح اپنے گاہکوں کو احمقانہ مسرت عطا کی۔ دوسری طرف آواگون کے مداحوں اور مخالفوں کے درمیان "سول وار" کی خبریں آنے لگیں اور ایک اطلاع کے مطابق ان دنگوں میں بہت سے آدمی زخمی ہو گئے۔ (جن میں سے ایک کی حالت نازک بیان کی جاتی ہے)۔ میرے احباب (پچھلے جنم کے) دوبارہ میری ماتم پُرسی کو آئے اور مجھے چھ سال کا بے ڈول سا بچہ دیکھ کر کہنے لگے: "فکر تونسوی! تمہیں کیا ہو گیا ہے؟"

میں نے کہا "مجھے پُنر جنم ہو گیا ہے، خدا تم سب کو پُنر جنم عطا کرے"۔

جان پہچان کے مختلف لوگ مجھ سے ملنے کے لئے آئے۔ محلے کی بڑھیا رام دئی بڑھئی

آئی اور مجھے دیوتا سمجھ کر میرے چرن چھوتے ہوئے بولی :

"بیٹا! تم بھگوان سے ہو کر آئے ہو ۔ تم نے میرے بیٹے دولت رام گھائل کو تو نہیں دیکھا ؟"

میں جھٹ پہچان گیا ۔ دولت رام گھائل جس کے نصیب میں دولت کم اور گھاؤ زیادہ لکھے تھے ۔ رام دئی برہمنی کا بیٹا تھا ۔ وہ شاعر تھا اور شاعر ہونے کی وجہ سے حسبِ رواج مفلس اور قلاش تھا اور گھٹیا اور سستی اور زہریلی شراب پیتے پیتے جان بحق ہو گیا تھا ۔ میں نے کہا "نہیں ماں جی! گھائل صاحب تو ادھر کہیں دکھائی نہیں دیئے ۔ میرا خیال ہے کہیں پُنر جنم لے چکے ہوں گے"۔

"لیکن کہاں ؟ اس کی تو کچھ سدھ خبر ہی نہیں بیٹا!"

"اب میں کیا جانوں ماں جی! ممکن ہے میری طرح اس محلے میں ہی جنم لے چکا ہو"۔

رام دئی برہمنی مضطرب ہو گئی ۔ بولی: "تمہارے منہ میں گھی شکر بیٹا! کتنا اچھا ہوتا اگر وہ پھر میرے ہی گھر میں جنم لے لیتا"۔

مَیں نے مفکروں کی طرح جواب دِیا۔ "جنم تو کرموں کی بنا پر ملتا ہے ماں جی!"

"کرم تو اس کے اِتنے اچھے تھے بیٹا کہ وزیر بن سکتا تھا"۔

"ویری سوری! پھر تو وہ جہنم میں گیا ہوگا"۔

رام دئی مجھے گالیاں دیتی ہوئی چلی گئی۔

والدہ محترمہ (موجودہ) سچ کہتی تھی ۔ میرا چولا بدلا تھا ۔ روح وہی تھی ۔ میں پُنر جنم کے بعد بھی وہی "فکر تونسوی تھا"۔ وہی احمقانہ کھرا پن ۔ وہی بے اثر

طعنے مہنے ۔ اور میں نے محسوس کیا کہ لوگ اب میری باتیں سن کر خوش کم ہوتے ہیں اور ناراض زیادہ۔ آہستہ آہستہ لوگوں نے ہمارے گھر آنا جانا کم کر دیا بلکہ بند کر دیا۔ محلّے کے معززین نے اپنے بچّوں کو ہدایت کر دی کہ میرے ساتھ کھیلنا کودنا بند کر دیں۔ عورتوں نے میری ماں سے اور مَردوں نے میرے باپ سے بات چیت بند کر دی اور اب میرے والدین مجھے سانپ کا بچّہ سمجھ کر پال رہے تھے میری بھوک میری بھوک نہ رہی بلکہ کتّے کی دھتکار بن گئی۔ میرے کپڑے میری چمڑی ادھیڑنے کا باعث بن گئے۔ میرے کھلونے میری اُنگلیاں مروڑنے لگے (کھلونے والدین کا حکم مانتے تھے میرا نہیں)۔

اس بیک وقت متوقع اور غیر متوقع صورت حالات نے مجھے بے حد اداس کر دیا اور میں اکثر رات کی کالی گہری تاریکیوں میں تکیے بھگو بھگو کر رویا کرتا۔ اور بھگوان سے "گڑ گڑا کر" دعا کیا کرتا کہ اے خالق! میری یادداشت مجھ سے چھین لے، میرے حافظے کو سُن کر دے۔ سابقہ جنم کی ہر نعمت مجھ سے واپس لے لے۔

لیکن بھگوان کو شاید یہ منظور نہیں تھا۔

آہستہ آہستہ میرے لئے جینا دو بھر ہوتا گیا۔ میرا تازہ تازہ معصوم دل محبت کا بھوکا تھا لیکن میری بھوک نفرت سے مٹائی جاتی بھگوان نے مجھے نیا جسم ضرور عطا کیا تھا، نئی عقل عطا نہیں کی تھی۔ اس لئے میں دُنیا کے سامنے یہ جھوٹ بھی نہیں بول سکا کہ میں فکر تونسوی نہیں ہوں بلکہ ایک گینڈا ہوں، گدھا ہوں، چیونٹی ہوں اور میں تم میں سے کسی کو نہیں جانتا نہ بلشن داس کو، نہ کشن داس کو، نہ رام دئی کو، نہ پرنسپل کو۔

اور اسی لئے دنیا اب مجھ سے (خواہ مخواہ) خوف کھانے لگی۔ میرے سامنے

قبر سے واپسی (مزاحیہ مضامین) 45 فکر تونسوی

سے گریزاں رہنے لگی، کوئی میرے قریب تک نہیں پھٹکتا تھا۔ میں چھ سال کا ایک معصوم سا بے گناہ بچّہ، اتنی بڑی بوڑھی دنیا سے الگ ہو گیا، تنہا ہو گیا اور اپنی زندگی صرف اپنے ساتھ ہی گذارنے لگا اور یہی مواقع خودکشی کے لئے موزوں سمجھے گئے ہیں۔

لیکن ایک دن اچانک تنہائی کا یہ ہالہ ٹوٹ گیا۔

دراصل اخبار میں کسی نے شکایت کر دی کہ جس شخص نے فکر تونسوی کو قتل کیا تھا اور چھ سال تک تلاش نہیں کیا جا سکا تھا۔ اب اس کا سراغ لگایا جائے اور فکر تونسوی سے پوچھا جائے کہ اُسے کس نے قتل کیا تھا۔ کیوں کہ وہ پچھلے جنم کے انکشافات سو فی صد سچ بتا رہا ہے! کوئی وجہ نہیں کہ وہ اپنے قاتل کے بارے میں لاعلم ہو۔

اس شکایت پر شہر بھر میں میرا مردہ زندہ ہو گیا۔ چاروں طرف سے نئی تفتیش کے مطالبے ہونے لگے۔ ایک مشتعل ہجوم نے تو اس سلسلے میں ایک پولیس اسٹیشن کو آگ بھی لگا دی۔ چنانچہ حکّام خوف زدہ ہو گئے اور ایک پولیس افسر تحقیقات کے لئے میرے پاس آ پہنچا اور بولا "فکر صاحب.....!"

"فکر تونسوی مر چکا ہے"۔ میں نے کہا۔

"ہائے اس کی موت ہی تو ہماری مصیبت کا باعث بنی ہے۔ برادرم آپ ہی ہمیں اس مصیبت سے نجات دلائیے اور بتائیے کہ آپ کو کس شخص نے قتل کیا تھا؟"

"ایک اسکوٹر ڈرائیور نے"۔

"قتل کی وجہ تسمیہ کیا تھی؟"

"نہایت معمولی۔ اس نے مقرّر نرخ سے چار آنے زیادہ کرایہ طلب کیا۔ میں

نے اسے شرم دلائی ۔ اُسے طیش آگیا اور چھُرا نکال کر اس نے میرے پیٹ میں بھونک دیا۔

"صرف چار آنے کی خاطر اتنے بڑے فن کار کو قتل کر دیا؟"

"جی ہاں، کیوں کہ ان دنوں چار آنے میں ایک سنگترہ آجاتا تھا۔ جب کہ فنکار ایک ایک آنے میں مل جاتے تھے!"

پولیس افسر کو طیش آگیا اور بولا ۔ "ہم اسے پھانسی پر لٹکا دیں گے۔ آپ اس کا حلیہ بتایئے۔ اسکوٹر کا نمبر بتلایئے!"

مجھے اس کا حلیہ اور اسکوٹر نمبر اب بھی پوری طرح یاد تھا۔ لیکن .... لیکن ...... کیا یہ اُسے پھانسی دے دیں گے؟ میرا ننھا سا معصوم جسم سر سے پاؤں تک لرز اُٹھا۔ مجھے یوں محسوس ہونے لگا جیسے پھانسی کا پھندا اسکوٹر ڈرائیور کی بجائے آہستہ آہستہ میری گردن کی طرف بڑھ رہا ہے ..... میں اس کا حلیہ نہیں بتاؤں گا ورنہ اسے مار دینگے۔ نہیں نہیں! میں نہیں ..... مجھے یہاں سے بھاگ جانا چاہیئے اور ...... میں سچ مچ بھاگ کھڑا ہوا۔ زور زور سے بھاگتا گیا۔ گلیاں، سڑک، بازار، اور پھر میں تعاقب کرنے والوں کی آنکھ بچا کر ایک موڑ مڑ گیا اور ایک تنگ و تاریک گلی میں گھس گیا اور پھر مجھے یوں لگا جیسے اس تاریکی میں ایک چہرہ ابھرا ہے۔ یہ چہرہ بھیانک تھا۔ اس کی آنکھوں میں خون اترا ہوا تھا۔ اس کے ہاتھ میں ایک چمکدار چھرا تھا..... میں نے اسے پہچان لیا۔ یہ وہی تھا، بالکل وہی، وہی سکوٹر ڈرائیور۔ بالکل وہی سکوٹر ڈرائیور.....

اور اس نے چھُرا مار کر مجھے ایک بار پھر قتل کر دیا۔

بیویوں کی ٹریڈ یونین

چند دن ہوئے، مَیں رات کو جب گھر لوٹا اور مردانہ روایت کے مطابق دیر سے لوٹا تو کیا دیکھتا ہوں کہ میری اکلوتی اور پہلی اور آخری بیگم نے اپنے گورے گورے کندھے پر ایک سیاہ بلّہ لگا رکھا ہے۔

مَیں نے عرض کیا "یہ کیا ہے حضور؟"

وہ بولی۔ "جھنڈا اونچا رہے ہمارا"

میرا ماتھا ٹھنکا کہ آج دال میں کچھ کالا ہے۔ چاند سا چہرہ جو کل تک رشکِ بتاں تھا، آج کسی انجمن خدامِ وطن کا پوسٹر معلوم دے رہا تھا جس پر لکھا تھا ؎

"اٹھو، مری دنیا کے غریبوں کو جگا دو
کاخِ اُمرا کے در و دیوار ہلا دو"

میں نے کچھ مسکرا کر (اور کچھ ڈر کر) کہا۔ "اے انقلاب زندہ باد! کہانا

سے آؤ۔"

وہ اپنی سڈول بانہوں کو کسی جھنڈے کی طرح لہرا کر بولی "آج کھانا نہیں بنے گا، آج چولھا ڈاؤن اسٹرائیک ہے۔"

شبہ یقین میں بدلنے لگا کہ معاملہ گمبھیر ہے اور اب بیگم کے ساتھ رومانٹک گفتگو کرنا فضول ہے۔ یہ کس ستم گر نے گھر پر انقلابی چھاپا مارا ہے کہ آج محترمہ کی آنکھوں میں کاجل کی تحریر کی بجائے مطالبات کا چارٹر دکھائی دیتا ہے۔ معاملے کی سنجیدگی کو دیکھ کر میں نے بھی اپنا لب و لہجہ بدل لیا اور مالکانہ وقار کے ساتھ کہا "بیگم! تمہیں یہ نہیں بھولنا چاہیئے کہ تم میری بیوی ہو۔"

تڑاق سے جواب آیا "مگر میں ایک ورکر بھی ہوں اور آپ میرے مالک ہیں اور میری محنت کا استحصال کرتے ہیں۔"

"مگر ڈارلنگ!" میں نے پھر اپنا لہجہ بدل لیا "مالک تو تم ہو، میرے دل و جان کی مالک، اِس گھر کی مالک، اس سلطنت کی تم نواب واجد علی شاہ ہو، بتاؤ ہو کہ نہیں؟"

ایک دن پہلے تک میرا یہی فقرہ طلسم ہوش رُبا کا کام کر جاتا تھا اور بیگم تڑپ کر میرے بازوؤں میں آگرتی تھی لیکن آج آغوش میں آنے کی بجائے اس نے اپنی نرم و نازک مٹھی دکھائی اور میز پر ہاتھ مارتے ہوئے بولی — "سیٹھ جی! مجھے دارلفظوں کے یہ چھلاوے اب نہیں چلیں گے۔ صدیوں سے ظلم کی چکی میں پستی ہوئی بیویاں اب بیدار ہو چکی ہیں اور اب تو اپنے حقوق منوا کر دم لیں گی اور ......

"جو ہم سے ٹکرائے گا چور چور ہو جائے گا۔"

میں نے کہا "کیا آج ہمارے گھر میں کوئی ترقی پسند شاعر آیا تھا؟"

وہ بولی "نہیں شاعر میرے اندر سویا ہوا تھا آج جاگ اُٹھا ہے۔ لہٰذا میرے مطالبات مانئے نہیں تو ......"

"کون سے مطالبات"

"سب سے پہلے بیگم نے حلق میں تھوک نگلتے ہوئے کہا۔ اس کی آواز میں گھنگھروؤں کی مانوس جھنکار نہیں تھی بلکہ طبل جنگ کی سی گھن گرج تھی۔ سب سے پہلے میرا مطالبہ یہ ہے کہ میرے کام کے اوقات گھٹائے جائیں۔ صبح پانچ بجے سے رات کے گیارہ بجے تک اٹھارہ گھنٹے روزانہ کام کرتی ہوں، انہیں کم کر کے نو گھنٹے کئے جائیں۔ ہر مہذب سماج میں یہی دستور ہے"۔

"مگر ڈارلنگ یہ تو ہندوستانی سماج ہے"۔

وہ بھڑک اٹھی "اور بائی دی وے، جب تک مطالبات کی گفتگو جاری رہے آپ مجھے ڈارلنگ کے لقب سے مخاطب نہ کریں ــــ ہاں تو ہندوستانی سماج کو مہذب بنانے کے لئے نو گھنٹے کے اوقات آپ کو منظور ہیں؟"

میں نے کہا۔ "دیکھو (ڈارلنگ نہیں) ورکر بیگم! گھر میں اگر صرف نو گھنٹے کام ہوا تو اس سے پروڈکشن پر برا اثر پڑے گا۔ اس کا مطلب تو یہ ہوا کہ کام کی دو شفٹیں کرنا پڑیں گی۔ دو شفٹیں اور دو بیویاں۔ کیا تم چاہتی ہو کہ میں اس گھر میں دو بیویاں لے آؤں؟"

سوکن کا جلاپا عورت کی نازک رگ ہے۔ میں نے اس رگ پر جان بوجھ کر انگلی رکھ دی کہ ٹریڈ یونین کے اندر انتشار پیدا ہو جائے مگر بیگم کے اندر جیسے وہ قدیم حاسد عورت مر چکی تھی۔ وہ بولی "یہ مالک کی اپنی پرابلم ہے۔

آپ چاہیں تو کوئی ملازمہ رکھ سکتے ہیں۔"

بیگم سوکن والے پہلو سے صاف بچ کر نکل گئی۔ اس کی یہ چترائی میرے لئے پریشان کن تھی۔ چنانچہ میں نے ایک اور ہتھیار نکالا۔ "مگر اسے تنخواہ کہاں سے دینگے؟ جتنی تنخواہ ملتی ہے تمہارے گورے گورے ہاتھوں پر لاکر رکھ دیتا ہوں۔ تم چاہو تو اس تنخواہ میں سے ملازمہ رکھ سکتی ہو۔"

"اس تنخواہ میں ملازمہ نہیں رکھی جاسکتی۔"

"تو پھر کیا کیا جائے؟"

"میں نے کہا نا؟ یہ مالک کی اپنی پرابلم ہے اُسے خود سوچنا چاہیئے۔"

"آل رائیٹ"۔ میں نے تنگ آکر کہا۔ "مینجمینٹ اس پر ہمدردانہ غور کرے گا۔ اب اگلا مطالبہ پیش کیا جائے۔"

"دُوسرا مطالبہ چھٹیوں کا ہے۔"

"مستقل چھٹی کا؟ اس کی تو میں کئی بار پیش کش کر چکا ہوں۔ مگر ہر بار تم نے اسے حقارت سے ٹھکرا دیا۔"

"دیکھیئے آپ اسے مذاق میں مت ٹالئے (حالانکہ اللہ قسم! یہ مذاق بالکل نہیں تھا) ہندوستان بھر کے سارے کامگاروں کو اتوار کی ہفتہ وار چھٹی ملتی ہے مگر مجھے اتوار کو سب سے زیادہ کام کرنا پڑتا ہے۔ ہر اتوار کو آپ کے احباب آ دھمکتے ہیں۔ کوئی لنچ کھانے اور کوئی ڈنر اور کوئی یونہی گھومتے گھماتے چائے پینے آٹپکتا ہے۔ دیوالی، دسہرہ، عید، بقرعید کوئی چھٹی بھی تو نہیں ملتی ہے۔ نہ میڈیکل چھٹی نہ ایمرجینسی چھٹی۔ بھلا یہ بھی کوئی زندگی ہے؟" یہ کہہ کر وہ زار و قطار رونے لگی۔

میں بھی رونا چاہتا تھا لیکن مینجمینٹ میں رونے کا رواج نہیں تھا۔

مطالبہ (خدا جھوٹ نہ بلوائے) بالکل جائز تھا۔ لیکن مینجمینٹ کا رویّہ بھی اس کے متعلق بڑا واضح تھا کہ کسی بھی مطالبے کو جائز قرار نہ دیا جائے بلکہ اگر مطالبہ تسلیم بھی کر لیا جائے تو اُسے اس کی بجائے احسان کا درجہ دے دیا جائے۔ چنانچہ میں نے کہا۔" دیکھو بیگم! عورت ذات کی تاریخ گواہ ہے کہ اُسے موت سے پہلے کوئی چھٹی نہیں ملتی۔"

"لیکن میں تاریخ کا دھارا موڑنا چاہتی ہوں۔"

"میری پیاری ہٹلر! اگر تم عقل کا تھوڑا سا بھی استعمال کرو تو تمہیں معلوم ہو گا کہ سماج کا سارا ڈھانچہ عورت کے کندھے پر کھڑا ہے۔ جس دن بھی عورت نے چھٹی کی، سماج میں ایک تعطل آ جائے گا۔ بھائیں بھائیں کرتی ہوئی ایک ویرانی گھر پر مسلط ہو جائے گی۔ سارا کام اُس روز چوپٹ ہو جائے گا، یوں لگے گا، فیکٹری پر جبری تالہ بندی کرا دی گئی ہے۔ بچے روتے رہیں گے۔ گھر کی بلّی اور طوطا اور چوہا سبھی رو دیں گے۔ میں پوچھتا ہوں تمہاری چھٹی کے دوران کام کون کرے گا؟"

"آپ کیجئے گا"! جذبات سے بالکل عاری ہو رہی تھی، ظالم!

اب میں نے پینترا بدلا اور کہا۔" اچھا چلو میں تمہاری ہفتے وار چھٹی منظور کرتا ہوں، لیکن سوال یہ ہے کہ اس چھٹی پر تم کرو گی کیا؟"

"میں بیٹھی رہوں گی، لیٹی رہوں گی، تاش کھیلوں گی، سہیلیوں کے ساتھ گھومنے جاؤں گی، فلم دیکھوں گی۔"

لب و لہجہ سے صاف ظاہر ہو رہا تھا کہ بیگم صرف میری نقل کرنا چاہتی ہے، اوریجنل بالکل نہیں ہے۔ ایک بار دل میں یہ شیطانی خیال بھی آیا کہ اسے اوور ٹائم کا لالچ دے دوں، یعنی چھٹی کے دن کام کرو تو دوگنی اُجرت

ملے گی، اوور ٹائم کی رقم جمع کر کے ایک ساڑھی خرید لینا۔ لیکن بیوی کو اوور ٹائم کی ترازو پر تولنا کچھ اچھا نہیں لگا۔ لہذا میں نے مردانہ فراخ دلی کی انتہائی بلندی پر کھڑے ہو کر آواز دی "دیکل چھٹی منظور کی جاتی ہے۔ مگر ایک شرط پر کہ تم اس دن بال بچوں کو ہمراہ لے کر میکے چلی جایا کرو"۔

میکے کے 'پنچ' پر بیگم کچھ بوکھلا گئی۔ میکہ ہر عورت کی کمزوری ہے۔ میکے کے سامنے سارا ٹریڈ یونین ازم منتشر ہو جاتا ہے۔ اگرچہ بیگم کی سمجھ میں یہ بات فوراً نہیں آئی کہ اس کا مطالبہ تسلیم کر لیا گیا ہے یا مطالبہ کی پیٹھ میں چھرا گھونپ دیا گیا ہے۔ مطالبے کے ساتھ شرط کی پخ لگا کر میں نے ایک تیر سے دو شکار کر لئے تھے۔ میں نے سوچا کہ اس سے بیگم بھی خوش ہو جائے گی اور میں بھی۔ بیگم کی غیر حاضری میں خاوند کو جو آزادی نصیب ہو جاتی ہے اس کا اندازہ صرف وہی شادی شدہ مرد لگا سکتے ہیں جو ایک مستقل یکسانیت سے نالاں رہتے ہیں۔

بیگم نے زیرِ لب تبسم سے اس فیصلے پر صاد کیا اور میں نے دل ہی دل میں خوش ہو کر کہا کہ:

کمر کی چالوں سے بازی لے گیا سرمایہ دار
انتہائے سادگی سے کھا گیا مزدور مات

بیگم کا تیسرا مطالبہ یہ تھا کہ گھر کے اخراجات کے لئے اُسے جو رقم دی جاتی ہے اس میں اضافہ کیا جائے کیونکہ اشیاء کے پرانے نرخ قائم نہیں رہے ہر چیز پہلے کے مقابلے پر دوگنی مہنگی ہو گئی ہے مگر اخراجات کی رقم بدستور وہی ہے۔

گویا یہ مہنگائی الاؤنس کا مطالبہ تھا جو بیک وقت جائز اور ناجائز

تھا۔ میں نے جھوٹ کہا۔ "بیگم! مجھے تمہارے اس مطالبے سے ہمدردی ہے بلکہ صرف ہمدردی ہے"۔

وہ تڑپ اٹھی "مگر صرف ہمدردی سے تو بنیائن بھی نہیں آسکتی۔"

"تو بنیائن نہ خریدو۔ بزرگوں نے کہا ہے کہ روکھی سوکھی کھا کے ٹھنڈا پانی پی"۔ تو اس کا کچھ مطلب تھا، کچھ فلاسفی تھی۔ افسوس یہ ہے بیگم! کہ تم ٹریڈیونین ازم کے جوش میں بزرگوں کی فلاسفی بھول گئیں۔"

اس کے جواب میں بیگم نے جو کچھ ارشاد فرمایا وہ بہت اذیت ناک تھا۔ اس نے صاف کہہ دیا کہ وہ روکھے سوکھے کی فلاسفی پر یقین نہیں رکھتی وہ معیارِ زندگی کو گرا کر محلے میں اپنی ناک کٹوانا نہیں چاہتی۔ اس لیے آنسوؤں کا ہتھیار نکال کر مجھ پر بار بار حملے کئے اور دھمکی دی یہ گھر کے اخراجات کی ذمہ داری تم خود سنبھال لو۔ خالی خولی ہمدردی اور بزرگوں کی فلاسفی کے ساتھ تم ایک ہفتہ میں ہی دیوالیہ نہ بن گئے تو میں بیگم کہلانا چھوڑ دوں گی"۔

"تو پھر میں کیا کروں ڈارلنگ! جتنی آمدنی ہے اس سے زیادہ کہاں سے لاؤں؟"

"اپنی آمدنی بڑھاؤ"۔ انقلابی بیوی نے نعرہ لگایا۔

"کیسے؟"

"رشوت لو، جیب کتری شروع کردو، اسمگل کیا ہوا مال بیچو، کوئی پرمٹ لائسنس لے لو۔ ساری دنیا اسی طرح ترقی کر رہی ہے"۔

اور میرا جواب یہ تھا کہ مجھ سے یہ نہیں ہو سکے گا۔ گزشتہ ایک سو برس سے جو خاندانی شرافت ہمارے سر پر سایہ کئے ہوئے ہے میں اُسے چند کرسیوں، اناج کے چند دانوں، بنیائنوں اور آلو گوبھی کی خاطر تباہ و برباد

نہیں کر سکتا۔

مگر بیگم مُصر تھی ۔" ہر دَور میں اخلاق اور شرافت کی قدریں بدلتی رہتی ہیں۔ اخراجات میں کمی کر دینا بزدلی ہے اور بزدل انسان کو کسی معزز بیوی کا خاوند بننے کا کوئی حق نہیں۔ اس لئے میرا یہ مطالبہ مان لو' ورنہ جنرل اسٹرائیک کے لئے تیار ہو جاؤ۔"

اس نے مجھے بزدل کہا۔ میرے شوہرپن کو مشکوک قرار دیا۔ جنرل اسٹرائیک کی دھمکی دے کر گھر کے مفاد پر ضرب لگانے کا اعلان کیا۔ یہ رویّہ سیدھا طلاق کی منزل کی طرف بڑھا جا رہا تھا مگر میں نے بھی تہیّہ کر لیا کہ بیوی کو طلاق دے دوں گا، خاندانی اخلاق کو طلاق نہیں دوں گا۔

چند منٹ کی بحرانی خاموشی کے بعد بیگم بولی ۔" تو کیا ارادے ہیں؟"

" مطالبہ ردّ کیا جاتا ہے "۔ میں نے تاریخِ انسانیت کا عظیم ترین اعلان کیا۔

" لیکن یہ میرا بنیادی مطالبہ ہے ۔ اگر اسے رد کیا گیا تو میں اس بات پر غور کروں گی کہ پہلے دو مطالبے بھی منظور کراؤں یا نہ کراؤں ؟"

" مجھے یہ چیلنج منظور ہے!"

اس مرحلے پر آکر سمجھوتے کی بات چیت ٹوٹ گئی۔ مصلحت کے مطابق بیگم پلنگ پر جا لیٹی۔ خصلت کے مطابق میں یونہی کوئی پرانا رسالہ اٹھا کر ورق گردانی کرنے لگا۔ گھڑی کی ٹِک ٹِک ہمارے غم اور مسرت دونوں کو پیچھے چھوڑ کر وقت کی بے نیاز منزلیں طے کرتی رہی۔ میں نے کھانا نہیں کھایا، شاید بیگم نے بھی نہیں کھایا اور پھر یوں لگا کہ جیسے ہم دونوں

ایک دوسرے سے آہستہ آہستہ دور ہوتے جارہے ہیں۔ ایک دوسرے کی نظروں سے اوجھل ہوتے جارہے ہیں۔ شاید ہم اندر ہی اندر روتے روتے سو گئے تھے۔ کھو گئے تھے۔

اور پھر جب بھوک کے گھڑیال نے دو بجائے تو مجھے یوں محسوس ہوا جیسے ایک گرم گرم آنسو میری پیشانی پر آگرا ہے اور پھر ہلکی ہلکی سسکیوں کی آواز اور نرم و نازک ہاتھوں کا لمس اور چوڑیوں کی مترنم جھنکار۔

"یہ کون تھا؟"

یہ کوئی ٹریڈ یونین لیڈر نہیں تھا؟

یہ کوئی انقلابی بھی نہیں تھا۔

یہ میری اکلوتی، پہلی اور آخری بیگم تھی جو کہہ رہی تھی:

"اٹھو کھانا کھالو ——— مجھے نیند نہیں آرہی ہے!"

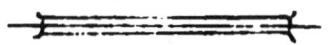

محلّہ سُدھار کمیٹی

بھائیو، بہنو! تھوڑی سی دالداؤ اور بہت سے بچّو!

آپ نے یہ اچھا نہیں کیا کہ مجھے محلّہ سُدھار کمیٹی کی اس سالانہ میٹنگ کا صدر بنا دیا۔ میں صدارت سے ہمیشہ بدکتا ہوں کیونکہ یہ ایک ایسی عزّت ہے جو انسان کو غیر فطری بنا دیتی ہے اور اس سے راست گفتاری چھین لیتی ہے مثلاً اب میں اتنا بھی نہیں کہہ سکتا کہ جس کُرسی پر میں بیٹھا ہوں اُس کی ایک ٹانگ ٹوٹنے کے قریب ہے اور میں پورے وقت ایک پہلو بیٹھ کر اپنے آپ کو سنبھالے رہا ہوں۔

حضرات! کبھی کبھی مجھے یوں لگتا ہے کہ یہ پورا محلّہ ایک کُرسی ہے جس کی ایک ٹانگ ہمیشہ ٹوٹنے کے قریب رہتی ہے اور ہم سب ایک پہلو بیٹھے اپنے آپ کو سنبھالتے رہتے ہیں۔ اس سنبھالنے پر ہمارا کافی وقت صرف

ہوتا ہے۔ میرا خیال ہے وقت کا یہ انتہائی بھونڈا استعمال ہے لیکن ہمیں اپنے محلّہ سے چونکہ بے حد محبت ہے۔ اس لئے محبت کی خاطر ہمیں یہ بھونڈا پن کرنا ہی پڑتا ہے ——— جناب والا! محبت' انسان کی سب سے بڑی بدنصیبی ہے۔ یہ تو ہماری ذہانت ہے کہ ہم نے اس بدنصیبی کو قربانی کا دلفریب نام دے کر اپنے آپ کو مطمئن کر لیا ہے ورنہ خدا نے تو ہمیں جذبۂ محبت عطا کر کے ہمارے ساتھ کافی بڑا دھوکا کیا تھا۔

میں نے ابھی ابھی آپ سب صاحبان بلکہ "صاحبات" تک کی تقریریں سُنیں جو محلّہ سُدھار کے عظیم مقصد سے کی گئی ہیں۔ ان تقریروں سے ہی مجھے پہلی بار معلوم ہوا کہ ہمارا محلّہ بگڑے ہوئے انسانوں کا ایک مجموعہ ہے۔ اس لئے ہمارا سدھار ہونا چاہیئے۔ آہ! یہ کتنی شرمناک بات ہے کہ ہم خود ہی اپنے آپ کو ذلیل انسان کہہ کر ذلیل کریں۔ آپ کہہ سکتے ہیں کہ اپنے آپ کو ذلیل تسلیم کر لینا بہادری ہے اور ہم بہادر لوگ ہیں۔ صاحبان! اگر ایسا ہے تو میں حیران ہوں کہ آپ بہادر انسانوں کا سدھار کیوں کرنا چاہتے ہیں۔ کیا یہ وقت کا بھونڈا استعمال نہیں ہے کہ آپ پیغمبروں کو نصیحت کریں کہ آپ کے کپڑے میلے ہیں' انھیں دھو لیجیئے' حالانکہ پیغمبر اگر کپڑے نہیں دھوتا تو اس کی کوئی گہری اور فلسفیانہ وجہ ہوگی۔ جو اسے خود اچھی طرح معلوم ہوگی۔

اس لئے جناب! میری مانیے تو اس محلّہ کا سُدھار مت کیجیئے۔ اگر آپ کے کپڑے میلے ہیں تو صابن سے دھو لیجیئے۔ صرف صابن کے پراپگنڈہ کی خاطر اتنے زیادہ لوگوں کو ایک میٹنگ میں اکٹھا کرنے کی کیا ضرورت ہے!

——— چند دن ہوئے اس محلّہ کے ایک بزرگ آبدیدہ ہو کر کہنے لگے۔ فکر صاحب! اس محلّہ میں چوہوں کی تعداد بہت بڑھ گئی ہے مگر کوئی ان کا

تدارک کرنے والا نہیں ہے۔" میرا خیال ہے وہ چوہوں کی سینہ زوری پر آبدیدہ نہیں ہوئے تھے بلکہ ان کی آنکھوں میں گگرے تھے۔ ورنہ چوہے تو چوہے دان کے ذریعے بڑی آسانی سے پکڑے جا سکتے ہیں۔ اگر ہم چوہے دان اور صابن کا استعمال نہیں جانتے تو جناب! ہمیں خدا سے دُعا کرنی چاہیئے کہ ہمیں اگلے جنم میں انسان نہ بنائے بلکہ چُوہے بنا دے۔ جو کپڑے نہیں پہنتے اور جنہیں صابن کے استعمال کی ضرورت نہیں پڑتی۔ کیا آپ نے کبھی دیکھا کہ چُوہوں نے کبھی چُوہا سُدھار کمیٹی بنائی ہو۔ اور گگروں کی آڑ میں آنسو بہائے ہوں بھائیو اور بہنو! بُرا نہ مانیے تو میں کہوں گا کہ چوہے ہم سے زیادہ فطری زندگی گزار رہے ہیں۔

آپ شاید مجھ پر شک کر رہے ہوں گے کہ میں محلّہ سُدھار نہیں چاہتا۔ ایسا ہی شُبہ مجھ پر اس محلّہ میں کیا گیا تھا۔ جہاں میں دو سال پہلے رہتا تھا۔ یہ عجیب بات ہے بھائیو! کہ دنیا کے ہر محلہ میں محلہ سدھار کمیٹی بنائی جاتی ہے۔ اور ہر محلہ میں سدھار کا مسئلہ پایا جاتا ہے لیکن اس کی ایک معقول وجہ ہے کہ دنیا کے ہر محلّہ میں رات کو بے تحاشا کُتّے بھونکتے ہیں جس سے اہلِ محلّہ پریشان رہتے ہیں۔ ہر محلّہ میں ایک نہ ایک جھگڑالو عورت رہتی ہے جو خللِ امن کا باعث بنی رہتی ہے۔ ہر محلہ میں دو چار آوارہ گرد نوجوان لڑکے پیدا ہو جاتے ہیں جن سے محلّہ کا اخلاق ہمیشہ تلوار کی دھار پر رہتا ہے اور ہر محلہ میں پانچ دس ریٹائرڈ بوڑھے بھی ضرور رہتے ہیں جو نصیحتوں کے چراغ اپنے سرہانے جلا کر بیٹھے رہتے ہیں۔

اور دوستو! یہ سب خداداد نعمتیں ہیں ان سے ہم بچ نہیں سکتے۔ ان سے کوئی بھی محلّہ نہیں بچ سکتا۔ اگر کسی محلّہ کو ان نعمتوں سے محروم کر دیا جائے

تو وہ محلہ نہیں رہتا بلکہ جنت بن جاتا ہے اور معاف کیجئے، جنت ایک انتہائی اُکتا دینے والی چیز ہے، جنت، شوکیس میں ایستادہ "پلاسٹک" کی ایک حسینہ ہے جس کے لب اگرچہ لعلیں ہیں مگر ان پر کسی کا بوسہ ثبت نہیں ہوا۔ کیوں کہ اس بوسے میں نہ حلاوت ہوتی ہے نہ حرارت ——— سچ بتائیے کیا آپ پلاسٹک کی اس حسینہ کو کوئی محبت نامہ بھیج سکتے ہیں؟ اگر نہیں تو پھر آپ اس جہنم کے خلاف کیوں شور مچاتے ہیں۔ یہ پلاسٹک کی جنت میں حرارت اور حلاوت پیدا کرتی ہے۔ میں تو جب محلہ کی کسی جھگڑالو عورت یا آوارہ گرد لڑکوں کو دیکھتا ہوں تو خدا کا شکر ادا کرتا ہوں جس نے جنت کے ساتھ جہنم بھی پیدا کر دیا اور ہمارے محلہ کو پلاسٹک کی حسینہ بننے سے بچا لیا۔ جناب والا! خدا پر اعتبار کیجئے وہ ہم سے زیادہ ذہین اور دُور اندیش ہے جس نے ہمیں زندگی کی حلاوت اور لذت بخشنے کے لئے انگور ہی عطا نہیں کئے بلکہ ریٹائرڈ بوڑھے بھی عطا کر دیئے جو لومڑی کا رول ادا کرتے ہیں۔

آج کی میٹنگ میں ایک معزز مقرر نے اشارتاً ذکر کیا ہے کہ ہمارے محلہ میں ایک شاعر رہتا ہے جو رات کو شراب میں دُھت ہو کر آتا ہے۔ اور اودھم مچاتا ہے۔ انھوں نے تجویز کیا کہ اسے محلہ سے باہر نکال دیا جائے ———۔ صاحبان! میری رائے ہے کہ اُسے محلہ سے مت نکالیے ورنہ وہ کسی دوسرے محلہ میں چلا جائے گا جہاں پھر اُدھم مچائے گا اور پھر نکال دیا جائے گا کیونکہ ہر محلہ میں محلہ سدھار کمیٹی موجود ہے ——— لہذا میں اُس شاعر کو سمجھا دوں گا کہ وہ شاعری ترک کر دے اور کہیں لوئر ڈویژن کلرک بن جائے۔ شاعری ترک کرنے ہی سے وہ میگساری ترک کر دے گا کیونکہ لوئر ڈویژن کلرک کے اندر ہلدی، نمک اور ایندھن خریدنے کی

تمنا بیدار ہو جاتی ہے اور شراب خریدنے کی جرأت اور استطاعت مر جاتی ہے۔ شراب ہی لطیف اور نفیس احساسات کو جگاتی ہے مگر ہلدی اور نمک لطیف احساسات کو سُلا دیتے ہیں۔ بلکہ مار دیتے ہیں۔ اِس لئے اگر ہمیں اس شاعر کا سدھار کرنا ہے تو اس کے اندر بسے ہوئے شاعر کو مار دینا چاہیئے۔ ہمارے محلّہ کو شاعری کی ضرورت نہیں، ہلدی اور نمک کی ضرورت ہے۔ کیونکہ ہلدی اور نمک کبھی اُودھم نہیں مچاتے۔ حضرات! اگر آپ سب لوگ شاعر نہیں بن سکتے تو اس کی واحد وجہ یہی ہے کہ آپ کے لطیف احساسات ایندھن کے ڈھیر کے نیچے دب گئے ہیں، سو گئے ہیں، مر گئے ہیں۔

ہاں! میں اُس شاعر کو سمجھا دوں گا کہ وہ مر جائے اس کی لاش کو کندھا دینے کے لئے پوری محلہ سدھار کمیٹی موجود ہے ——

چند دن ہوئے، محلّہ میں کیرتن کرانے کے لئے چندہ اکٹھا کیا گیا تھا میں نہیں جانتا کہ اس کیرتن سے محلّہ میں کتنے فی صدی رُوحانی جذبات پیدا ہوئے۔ مجھے تو صرف اتنا معلوم ہے کہ کیرتن کے بعد پولیس آئی اور ہمارے محلّہ کے لالہ کانشی رام جی کو لوہے کی بلیک کے جرم میں گرفتار کر کے لے گئی۔ حالانکہ لالہ جی نے کیرتن کے لئے سب سے زیادہ چندہ دیا تھا اور کیرتن کے بعد اپنے ہاتھ سے مقدّس پرشاد بانٹا تھا (کیا یہ افواہ سچ ہے کہ اس نے اپنے بچوں کو نسبتاً زیادہ پرشاد دیا تھا؟) بہر کیف مجھے پولیس کا یہ فعل پسند نہیں آیا۔ کیونکہ اس نے کیرتن کے رُوحانی اثرات پیدا ہونے کا بھی انتظار نہیں کیا۔ دراصل لالہ کانشی رام سے زیادہ ہمیں پولیس میں رُوحانی اثرات پیدا کرنے کی ضرورت ہے۔ وہ کیرتن کے تقدّس کو اس طرح

ہتھکڑیاں پہنائی جاتی رہیں گی۔

میں نے جب جیل میں لالہ کانشی رام سے ملاقات کی اور پوچھا کہ کیرتن کا یہ غلط نتیجہ کیوں نکلا تو انھوں نے فلاسفروں کی طرح جواب دیا: "لوہے کی بلیک ایک انفرادی مسئلہ ہے۔ آپ اسے کیرتن کے جماعتی نتیجے سے کیوں ملاتے ہیں۔ دیکھ لینا مجھے کیرتن کا پھل الگ ملے گا اور میں چھوٹ جاؤنگا۔"

"کیسے؟" میں نے تشریحاً پوچھا

وہ مسکرائے اور بولے: "بھگوان نے میری عبادت سے متاثر ہو کر پولیس کی بدھی بھرشٹ کر دی ہے اور میرے ساتھ رشوت کی بات چیت چلا رہی ہے۔ کیرتن کا پھل رائیگاں نہیں جاتا فکر صاحب! آپ کی عبادت میں سچی عقیدت اور خلوص ہونا چاہیئے۔ میں پوچھتا ہوں، ذرا بتائیے، پولیس کی بدھی بھرشٹ کرنے میں کس کا ہاتھ ہے؟"

بھائیو اور بہنو! لالہ کانشی رام کی یہ تشریح اگرچہ انوکھی اور ناقابل فہم تھی لیکن اگر وہ واقعی رہا ہو گئے تو کیا ہم میں سے کسی کی جرأت ہے کہ کیرتن کے روحانی اثرات سے انکار کریں۔ البتہ صرف ایک شبہ میرے دل میں ابھی تک رینگ رہا ہے کہ اس کیرتن کے بعد محلے کے بھگوان داس چپڑاسی کا سامان جب اس کے مالک شری نارائن داس نے باہر پھینک دیا تھا تو کیرتن کا پھل بھگوان داس چپڑاسی کو کیوں نہیں ملا ——— حالانکہ کیرتن میں اس نے سب سے زیادہ سرمستی اور عقیدت اور خلوص کے ساتھ ڈھول بجایا تھا۔ اور رات بھر جاگتا اور گاتا رہا تھا ——— کیا کوئی ایسا اہتمام نہیں ہو سکتا کہ خدا بھی اپنی بدھی بھرشٹ کرلے۔ یہ محلہ سدھار کمیٹی کا فرض ہے کہ وہ رشوت کا بندوبست کرے اور بھگوان داس چپڑاسی کو دوبارہ مکان دلا دے ورنہ خطرہ

ہے کہ محلّہ میں کیرتن کی روایت مشکوک شکل اختیار کر جائے گی اور کیرتن کے روحانی اثرات میں تضاد پیدا ہو جائے گا۔ کم از کم عبادت کی سطح پر تو چپڑاسی اور آئرن مرچنٹ میں فرق برٹ جانا چاہیئے۔ ورنہ ہمارے محلّہ کے لوگ کیرتن کے لئے چندہ دینے سے ہچکچانا شروع کر دیں گے۔ ذرا سوچئے اگر چندہ جمع کرنے میں رُکاوٹ پیدا ہو گئی تو کیا کیرتن منڈلی والے کم اُجرت پر کیرتن کرنے سے انکار نہیں کر دیں گے؟

محلّے کی ایک تعلیم یافتہ خاتون مسز ملا نے اپنی تقریر میں دھمکی دی ہے کہ اگر محلّے کے بچوں میں گندی گالیاں دینے کی قبیح عادت ختم نہ کی گئی تو میں محلّہ چھوڑ کر چلی جاؤں گی۔ حضرات! مجھے شک ہے کہ وہ محلّہ نہیں چھوڑینگی کیونکہ ان میں لیڈرانہ صفات پائی جاتی ہیں اور محلّہ کی عورتوں کی لیڈر بننا چاہتی ہیں۔ اگر محلّہ کے تمام بچے آج فیصلہ کر لیں کہ وہ گندی گالیاں نہیں دیں گے تو مسز ملا کے لئے یہ انتہائی رنجیدہ فیصلہ ہوگا۔ کوئی لیڈر یہ نہیں چاہتا کہ گندی اور بُری چیزیں ختم ہو جائیں۔ ہماری کمزوریاں، گندگیاں اور بُرائیاں ہی مسز ملا کا من بھاتا کھاجا ہیں۔ ان کا خاتمہ مسز ملا کا خاتمہ ہوگا۔ ایک تیر انداز سے اگر کہا جائے کہ تم بغیر نشانہ کے تیر چلاؤ تو وہ اسے اپنے آرٹ کی توہین سمجھے گا۔ اسے آپ پر غصّہ آئے گا اور ممکن ہے، غصّہ میں محلّہ چھوڑ کر چلا جائے۔ اگر مسز ملا ابھی تک محلّہ چھوڑ کر نہیں گئیں تو صرف اس لئے کیونکہ یہاں کے بچے برابر گندی گالیاں دیئے جا رہے ہیں اور مسز ملا اُن کی ماؤں کو برابر پھوہڑ، بدتمیز اور بدنصیب کہے جا رہی ہیں۔ جناب عالی! اگر ایک تعلیم یافتہ عورت ایک غیر تعلیم یافتہ عورت کو پھوہڑ کہے تو غیر تعلیم یافتہ عورت میں احساس کمتری جاگ اٹھتا ہے اور جب لوگوں

میں احساسِ کمتری پیدا ہو جائے تو وہاں ایک نہ ایک لیڈر ضرور پیدا ہو جاتا ہے جو اس احساسِ کمتری کی ستار پر اپنا نغمہ الاپتا ہے۔

اس لئے حضرات! مسز و ملا کی دھمکی کو بھی ایک قسم کا نغمہ سمجھیے۔ خدا نہ کرے کہ ہمارے محلّے کی عورتیں پھوہڑ اور بدتمیز نہ رہیں اور یہ نغمہ بند ہو جائے جسے سن سن کر ہمارے محلّہ کی عورتیں مست ہو رہی ہیں ——— یہ صحیح ہے کہ گندی گالی تہذیب کے زوال کی علامت ہے اور مسز و ملا یہ بھی نہیں چاہتیں کہ ایسے قیمتی محلّہ کو جہاں تہذیب زوروں پر ہے چھوڑ کر چلی جائیں۔ دراصل مسز و ملا اس محلہ کی عورتوں اور بچّوں میں تہذیب کی داغ بیل ڈالنا چاہتی ہیں چاہے اس کے لئے انہیں کتنی قربانی دینی پڑے۔ چاہے اس کے لئے بچے گندی گالیاں سیکھ جائیں ——— جناب! لیڈروں میں قربانی کا زبردست جذبہ پایا جاتا ہے اس لئے مسز و ملا کو قربانی کا موقع دیجیے۔ ورنہ ان کی افسردگی اور بڑھ جائے گی اور آنکھوں کے سیاہ حلقے اور گہرے ہو جائیں گے جو محلّہ کی بدتمیزی پر کڑھتے رہنے کی وجہ سے پیدا ہو گئے ہیں۔

بھائیو اور بہنو! ——— اپنی تقریر ختم کرنے سے پہلے میں آخری گزارش کرونگا کہ اس محلّہ کے سدھار کے غم کو اِتنا گہرا مت بنائیے۔ بلاشبہ آپ اس میں چند سطحی تبدیلیاں لے آئیے مگر کوئی بنیادی تبدیلی کرنے کی مصنوعی کوشش نہ کیجیے۔ بے شک آپ چوہوں کو محلّہ بدر کرنے کے لئے کوئی مشترکہ فنڈ قائم کر لیجیے۔ (فنڈ اتنا کم نہ ہو کہ اس میں غبن کی گنجائش نہ رہے) چوروں کو ڈرانے کے لئے ایک باتنخواہ پہرے دار بھی رکھیے (پہرے دار سو فی صدی جفاکش اور احمق ہو تاکہ چوروں سے نہ مل جائے)۔ محلّہ میں

اگر کسی کا انتقال ہو جائے، کسی کا جنم ہو جائے، کسی کی شادی ہو جائے یا کسی کا لڑکا لڑکی بھاگ جائے تو بے شک سب مل کر آنسو بہایئے یا قہقہے لگایئے (اور یہ سب کچھ اس لئے کیجئے کہ آپ کے ساتھ بھی یہ سانحہ ہو سکتا ہے)______ غرض یہ سب کچھ کیجئے۔ ہر سطحی حرکت کیجئے جس کا آپ کے دل سے کوئی گہرا تعلق نہ ہو۔ جناب! میں یہ تھوڑی سی کڑوی بات اس لئے کہہ رہا ہوں کیونکہ ہم اس سے زائد کچھ کر بھی نہیں سکتے اور نہ ہم میں سے کوئی فرد محلہ سدھار کمیٹی کو یہ اجازت دے گا کہ اس کے دل اور روح کی سلطنت پر حملہ کر دے۔ کیا آپ محلہ سدھار کمیٹی کو یہ اجازت دینگے کہ وہ آپ کو انڈے کھانے کا حکم دے جب کہ آپ ٹماٹر کاٹ کر کھا رہے ہوں۔ ایک بار میں نے محلہ کے ایک شخص سے کہا: "جناب! آپ کے چہرے پر جو داڑھی ہے وہ انتہائی بدنما لگتی ہے۔ آپ روزانہ شیو کیا کیجئے" تو وہ مجھ سے اتنا ناراض ہوا کہ میں اب اس سے ڈر کے مارے وہ دس روپے بھی نہیں مانگتا جو اس نے مجھ سے قرض لئے تھے ______ اسی طرح ایک بار محلہ کے ایک معزز آدمی نے مجھے مشورہ دیا تھا کہ آپ پان مت کھایا کیجئے۔ اس سے آپ کے دانت جھڑ جائیں گے ______ میں حیران ہوں کہ میرے دانت جھڑنے سے اس آدمی کو کیا دلچسپی ہے؟ کیا صرف اس لئے میں اس کی بات مان لوں کہ میں کبھی کبھار اس سے اخبار پڑھنے کے لئے مانگ لاتا ہوں؟

اس لئے جناب! ہم ایک محلہ میں رہنے کے باوجود الگ الگ انسان ہیں۔ محلہ سدھار کمیٹی اگر ہم الگ الگ انسانوں کو ایک لاٹھی سے ہانکنا چاہتی ہے تو یہ اس کی سنگدلی ہے بلکہ ایک غیر فطری حرکت ہے بالکل

"اسی طرح جیسے آپ نے مجھے صدارت کی عزت دے کر مجھے غیر فطری باتیں کہنے پر پابند کر دیا۔ آپ کے ماتھے پر اس وقت جو شکن پڑ رہے ہیں وہ ظاہر کرتے ہیں کہ میں نے اس پابندی کو کیوں توڑ دیا ہے اور اس کرسی کے ٹوٹنے والے پائے کا ذکر کیوں کر دیا جو شاید لالہ کانشی رام کے گھر سے لائی گئی ہے اور جو آج کل بلیک کے جرم میں جیل میں بند ہیں ——

میر بیمار ہوئے

میں بے حد پریشان تھا بلکہ شرمندہ تھا ——————

شرمندگی کا باعث میرا نصیب تھا کہ مجھے کوئی سیریس بیماری لاحق نہیں ہوتی تھی۔ جب بھی کوئی بیماری آتی وہ نزلہ زکام میں بدل جاتی۔ زیادہ سے زیادہ سر کا درد، پیٹ کا درد یا کوئی پھوڑا ابھر آتا اور مجھے جُل دے کر نو دو گیارہ ہو جاتا۔ احباب اور رشتے دار زیرِ ناف قسم کا طعنہ دیا کرتے کہ ان غیر ضروری بیماریوں پر کوئی آپ سے کیا ہمدردی کرے۔ میری بیوی تو کنکھیوں سے کئی بار اشارے بھی کر چکی تھی کہ میں آپ کی خاطر مرمٹنے کے لئے تیار ہوں لیکن اس مرمٹنے کی کوئی ٹھوس بنیاد بھی تو پیدا کیجیے۔

اور نہ جانے میرے کس پیارے کی دُعا قبول ہوئی کہ ایک دن میں صبح سو کر اٹھا تو میری ایک لغزشِ پا نے پکارا: لینا کہ چلا میں! میری بیوی

جو شاید اسی نادر لمحے کے انتظار میں ادھیڑ ہو گئی تھی، فوراً ڈاکٹر کو بلا لائی۔

ڈاکٹر نے کہا۔ "یہ لغزشِ پا ہی نہیں ہے' سیریس بیماری ہے!"

بیوی کی زبان سے بے ساختہ نکلا —— ہائے اللہ! یہ سیریس بیماری ان کی بجائے مجھے لگ جائے!"

ڈاکٹر نے رولنگ دیا۔ "یہ فیصلہ ہسپتال میں جاکر ہوگا کہ بیماری کس جسم کے لئے موزوں ہے' یہ متنازعہ مسئلہ ہے!"

اتنے میں میرے بہت سے احباب اور رشتے دار جمع ہو گئے تھے۔ انھوں نے ڈاکٹر سے "ونس مور" کہا اور باری تعالیٰ کا شکریہ ادا کیا کہ آخر میں تھرڈ ریٹ بیماریوں کے چنگل سے نکل آیا اور اب راہِ راست پر چل پڑا ہوں۔ اُن کی آنکھوں میں مسرّت کے آنسو بھر گئے۔ انھوں نے تالیاں بجائیں۔ کئی ایک فرطِ انبساط سے رقص کرنے لگے میری بیوی نے جذبات سے کانپتے لفظوں میں اعلان کیا کہ وہ میرے غسلِ صحت پر یتیموں کو کھانا کھلائے گی ہسپتال کے بڑے ڈاکٹر نے سرگوشی میں میرے ایک دوست کو بتایا کہ یہ نروس بریک ڈاؤن کی بیماری ہے۔ ہو سکتا ہے' کئی سال لگ جائیں!"

کئی سال —— ؟ مجھے یتیموں کا مستقبل خطرے میں نظر آیا۔

ہسپتال کے بیڈ پر لیٹتے ہی مجھے بے حد اطمینان ہوا۔ نہ پریشانی باقی رہی تھی نہ شرمندگی ہی۔ بلکہ فخر سے پھولا نہ سماتا تھا کہ اب اس سیریس بیماری کی بدولت میں کئی لوگوں کو اُبلائیج (OBLIGE) کر سکوں گا۔ میرے احباب خلوص اور ہمدردی کا فراخ دلانہ استعمال کر سکیں گے۔ رشتے داروں کو ٹھنڈی آہیں بھرنے اور آنسو تھرتھرانے کا موقع نصیب ہوگا۔ میری ایک جنبشِ لب پر

وہ اپنی گردنیں کٹوانے کے لئے تیار ہو جائیں گے۔ میری آنکھ کا ایک ہلکا سا اشارہ ان کی زنگ آلودہ رُوح کے سبھی بند دروازے کھول دے گا۔ میرے بدن میں ایک چھوٹی سی ٹیس اٹھے گی تو احباب مُرغِ بسمل کی طرح ہسپتال کی سڑک پر تڑپتے ہوئے نظر آئیں گے۔ میری بیوی ہر پُرسانِ حال کے ہونٹوں پر انگلی رکھ کر کہہ سکے گی ؎

سرہانے میؔر کے آہستہ بولو
ابھی ٹک روتے روتے سو گیا ہے

غرض میں اپنے آپ کو بڑا خوش نصیب سمجھتا تھا کہ زندگی میں کسی کے کام تو آیا! دوسروں کی خوشنودی کے چند لمحے بھی میسّر آجائیں تو وہ سُنبل و ریحاں اور لعل و یاقوت وغیرہ سے کم نہیں ہوتے ورنہ اس سے پہلے تو زندگی جیسے بے برگ و گیاہ ریگستان میں گزر رہی تھی۔ نہ کسی کے آنسو، نہ تبسّم، نہ جذبات سے چُور چُور ہونٹ، نہ کسی کی ہمدردی، نہ کسی کا خلوص، نہ کسی کا امتحان، نہ کوئی مُمتحن ـــــــ

ہسپتال میں جاتے ہی سب سے پہلے تو میرے ایک منسٹر دوست نے میرے ریگستان میں ایک پھول کھلا دیا۔ یعنی ایک دوست کے ٹیلیفون پر میڈیکل سپرنٹنڈنٹ سے کہہ دیا کہ اس مریض کو فوراً ایک بیڈ عطا کیا جائے! ہسپتال میں بیڈ میسّر آنے کا مطلب ہوتا ہے جیسے کسی بے روزگار کو اپائنٹمنٹ لیٹر مل جائے۔ میرے ایک پروفیسر دوست نے میری نبض دیکھتے ہوئے کہا۔ "اجی! بیڈ کیوں نہ ملتا۔ ان کی رسائی تو منسٹروں تک ہے! مجھے منسٹروں کی اس پستی پر رحم کھانا چاہیئے تھا لیکن منسٹر کی خوشی مجھے بیڈ مل جانے میں مضمر تھی۔ اس لئے میں اس پستی کو شہد کا گھونٹ سمجھ کر پی گیا۔

بیڈ پل جانے کے بعد میں تین چار دن تک یہ دیکھتا رہا کہ احباب اور رشتے دار نہایت سرگرم ہو گئے ہیں۔ چاروں طرف بھاگے بھاگے پھرتے ہیں۔ وہ لمحہ بہ لمحہ اپنی دوڑ دھوپ کی رپورٹ لے آتے اور میرے حلق میں اُنڈیل دیتے۔ کوئی بتاتا ہسپتال کا ہارٹ اسپیشلسٹ میرے کالج کا ساتھی ہے اور مجھ سے میتھمیٹکس کی گائیڈ بک لے جایا کرتا تھا۔ کوئی انکشاف کرتا بلڈ بنک کے انچارج سے میں نے کہہ دیا ہے کہ آپ کی خوش نصیبی ہے آپ کے ہسپتال میں ایک عظیم مریض داخل ہوا ہے۔ یہ انچارج میری خالہ کا چوتھا بیٹا ہے۔ اگرچہ خالہ نے اُسے جائداد سے عاق کر دیا ہے لیکن اس کی لَو میرج سے پہلے کے سبھی لَو لیٹر میں نے ہی قلم بند کر کے دیئے تھے۔ ایک دوست نے تین اخباروں میں میری فوٹو اور بیماری کی خبر بے حد ولولہ انگیز انداز میں شائع کروا کے مسرت حاصل کی جیسے اس نے مجھے مرنے کے بعد جنت کی سیٹ دلوا دی ہو! چار پانچ دوستوں نے کافی ہاؤس میں ایک ریزولیوشن پاس کروا دیا کہ خدانخواستہ اگر فکر تونسوی کی موت واقع ہو گئی تو پورے کافی ہاؤس کے ممبران نہ صرف باجماعت شمشان بھومی تک جائیں گے بلکہ پسماندگان کے لئے چندہ بھی اکٹھا کریں گے۔

یہ جان توڑ سرگرمیاں دیکھ کر مجھے یوں محسوس ہوا جیسے سارا ہندوستان میری بیماری کی خاطر زندہ ہے ورنہ درگور ہو گیا ہوتا! ہر روز کئی ڈاکٹر باری باری آتے اور مجھے لیبارٹری سمجھ کر تجربے شروع کر دیتے۔ جیسے یہ ڈاکٹر نہ ہوں، سکول کے طالب علم ہوں اور میں ایک کاپی ہوں جس پر وہ ہوم ورک کر رہے ہوں۔ پہلے تو میں سمجھا کہ وہ میرے مرض سے خوش ہونے کی وجہ سے سرگرم ہیں لیکن ایک بار میں نے ان کی خوشی سے بور ہو کر ایک ڈاکٹر سے پوچھا

"جناب! کیا آپ کو مریض سے محبّت ہے یا مرض ہے؟"

وہ بولا "مرض سے! کیونکہ ہم مریض پر ریسرچ کر کے مرض تک پہنچتے ہیں۔ آپ پر ریسرچ کرنے سے بنی نوع انسان کو بھی فائدہ پہنچے گا۔"

"اور اگر میں نہ آتا تو بنی نوع انسان کا کیا بنتا؟"

اس کے جواب میں ڈاکٹر نے اپنے اسسٹنٹ کو حکم دیا۔ اس مریض کی ٹی ۔۔۔ سی۔ جی بھی کرائی جائے۔ دماغ میں توقع سے زیادہ خلل معلوم ہوتا ہے۔"

لیکن میں جانتا تھا کہ میرے دماغ کے خلل کا سبب میری بے پناہ مسرّت ہے، جو مریض بن کر مجھے حاصل ہو رہی ہے میں یہ سوچ کر جھوم اٹھا کہ ہسپتال میں مجھے بے حد رومانٹک ماحول ملے گا۔ میں نے سن رکھا تھا کہ کئی آرٹسٹ لوگ ہسپتال میں جا کر ناول تک لکھتے ہیں اور بیماری کو ادبِ عالیہ میں اضافہ کا باعث بناتے ہیں۔ ان میں سے کئی ایک نرسوں سے پیار بھی کرنے لگتے ہیں بلکہ کئی نرسیں تو نوکری پر لات مار دیتی ہیں اور ناول نگار کی رُوح کے نرم گوشے میں دلہن بن کر گھس جاتی ہیں۔

دوسرے دن جب میں چشم سے کسی نرس کی آمد کی انتظار میں آنکھیں بند کئے پڑا تھا۔ کسی نے میرا کندھا جھنجوڑا۔ یہ واقعی نرس تھی (میرے متوقع ناول کی متوقع ہیروئن)۔ میں نے آنکھ کھول کر دیکھا۔ نرس خوبصورت نہ تھی، خوبصورت دُنیا کے جسم پر ایک تھپیڑا تھی! اس نے پہلے مجھے سُونگھا پھر ماحول کو سُونگھا اور جیسے اُسے احساس ہوا کہ ماحول نامکمل ہے۔ اس لئے اُس نے میرے بیڈ کے سرہانے ایک مَیلے سے گتے پر میڈیکل چارٹ لٹکا کر ماحول کو مکمل کر دیا۔

اور مجھے یوں محسوس ہوا جیسے اس۔نے میری قبر پر دیا جلا دیا ہو!

میری بیماری اچھلتی کودتی، چھلانگیں لگاتی ہوئی جب کئی ہفتے عبور کر گئی تو مجھے شک ہونے لگا کہ ڈاکٹر حضرات کو خدمتِ خلق سے کوئی دلچسپی نہیں ہے۔ ان کی حالت اس عورت سے بہتر نہیں ہے جو شوہر کے لئے کھانا تیار کرتی ہے۔ شام کو سبزی وغیرہ لاتی ہے اور صبح دودھ کے ڈپو کی لمبی قطار میں دو بوتلیں لانے کے لئے اپنی باری کا انتظار کرتی ہے —— عام اصطلاح میں اسے گرہست کی خدمت کہا جاتا ہے لیکن گرہستن سے پوچھا جائے تو وہ اسے اکتا دینے والی روٹین (ROUTINE) کا نام دیتی ہے ——!

میرا خیال تھا اور افسوس ناک حد تک غلط خیال تھا کہ ڈاکٹر جب مریض کی خدمت کرتے ہیں تو اسے انسانیت کا عروج سمجھتے ہیں۔ لیکن جب میں نے ذرا قریب ہو کر دیکھا تو یوں محسوس ہوا وہ انسانیت سے اکتا چکے ہیں۔ وہ جب مریض کا بلڈ پریشر دیکھتے ہیں یا اس کے ہارٹ اور جگر اور پھیپھڑے کی رپورٹ کا مطالعہ کرتے ہیں تو انھیں یوں محسوس ہوتا ہے جیسے آلو چھیل رہے ہوں یا سبزی میں نمک مرچ مسالے کا تناسب پیدا کر رہے ہوں۔ ڈاکٹر سچ مچ ایک انار ہوتے ہیں جس کے ایک سو نہیں ہزاروں بیمار ہوتے ہیں۔ ہر بیمار سمجھتا ہے۔ یہ انار میرے ہی کھانے کے لئے ہے اور ڈاکٹر کی بے بسی یہ ہے کہ وہ کسی مریض سے یہ بھی نہیں کہہ سکتا۔ دوست! انار کے متعلق تم جو بھی نقطۂ نگاہ بنالو، میں دخل نہ دونگا لیکن ظالم! مجھے پانچ منٹ کی تنہائی تو عطا کردو تاکہ میں خدمتِ خلق سے بلند ہو کر ایک سگریٹ پی سکوں "

ایک دن میں نے ایک ڈاکٹر سے پوچھ لیا۔ "ڈاکٹر صاحب! آپ کے اندر خدمتِ خلق کا جذبہ کیوں مرگیا؟"

وہ جیسے دو دونی چار کا پہاڑا پڑھتے ہوئے بولا "وہ تو اسی دن مرگیا تھا جب میں نے اس ہسپتال میں نوکری کے لئے برسوں اپنے گھٹنے اور ماتھا رگڑا۔ ایک نہایت ہی بھونڈے، غیر انسانی شکل کے ڈپٹی منسٹر کو وقت کا جہانگیر اور یوسف کہا تھا۔ اِنسانیت تو اس سماج کے لئے اچھوت کا درجہ رکھتی ہے!"

یہ سُن کر مجھے شک ہوا کہ میرے سبھی جذبے اچھوت ہیں۔ ڈاکٹر میرے جذبوں کو ہاتھ لگانا نہیں چاہتا۔ وہ صرف ہسپتال کے مُردہ قاعدے قانون کے چوکھٹے میں گھومے جارہا ہے۔ اس چوکھٹے کے باہر کی دنیا اچھوتوں کی دُنیا ہے۔ اس چوکھٹے میں انسانیت داخل نہیں ہوسکتی۔ ڈاکٹر اس چوکھٹے سے باہر آکر اچھوتوں کو چھُونا نہیں چاہتا۔ جو مریض ہسپتال میں اس خیال سے داخل ہوتا ہے کہ ڈاکٹر اس کا انتظار کر رہا ہے اور لپک کر مریض کے جسم میں خدمتِ خلق کا انجکشن دے دے گا اور ناچ اٹھے گا۔ ایسے مریض کو چاہیئے کہ وہ اچھوت ہی رہے تو اچھا ہے۔ ڈاکٹر کے لئے سب مریض برابر ہیں، سب بور ہیں، سب اچھوت ہیں۔

بھونڈے ڈپٹی منسٹر نے ڈاکٹر سے انسانیت چھین لی۔ اب تو وہ کسی لیڈی ڈاکٹر سے بھی پیار کرنے سے پہلے دیکھ لیتا ہے کہ اُس کی تنخواہ کتنی ہے؟

احباب اور رشتے داروں تک میرے وارڈ اور بیڈ نمبر کی باقاعدہ اطلاع پہنچادی گئی تھی۔ ایک دوست نے خلوص کی بلندیوں پر کھڑے ہوکر

مشورہ دیا کہ بیڈ نمبر اخباروں میں چھپوا دیا جائے ۔ چھپ جانے کے بعد وہ اپنے فرضِ منصبی سے چھٹکارا پا گئے اور پھر کبھی ہسپتال میں نہ آئے ۔ باقاعدہ اطلاع کے باوجود (سُنا ہے) یار دوست ایک دوسرے سے پُوچھتے پھرتے ـــــــ "بھائی! فکر صاحب کا بیڈ نمبر کون سا ہے؟"

شروع شروع میں خلوص کے ماروں کی آمد زوروں پر رہی ۔ اُن کی آمد پر میرا دل بلیوں اُچھلتا اور میں بھُول جاتا کہ میں بیمار ہوں ۔ ہر ملاقاتی یہ جھوٹ بول کر بہت خوش ہوتا ـــــ "اجی آپ تو بالکل بھلے چنگے ہیں ورنہ ایسے اعصابی امراض میں تو انسان ہڈیوں کا ڈھانچہ بن جاتا ہے!"

جوں جوں وہ میرا دل بڑھاتے، میں ہڈیوں کا ڈھانچہ بنتا چلا جاتا۔ لیکن پھر بھی میرا جی چاہتا، میری ہڈیوں کی مزید تعداد نمایاں ہوتی چلی جائے تاکہ میں پُرسانِ حال کی محبّت کے لذیذ جام لُنڈھاتا رہوں ۔ لیکن معلوم ہوتا تھا کہ میری اس سازشی پلاننگ کا علم احباب اور رشتے داروں کو ہو گیا اور آہستہ آہستہ ان کی تعداد کم ہوتی گئی ۔ یہاں تک کہ ایک دن نظروں سے بالکل اوجھل ہو گئی اور میرے بیڈ کے پاس صرف چند شیشیاں، ایک میڈیکل چارٹ اور ایک بیوی رہ گئی! شاید پُرسانِ حال نے میرے مرض کی بُو سُونگھ لی کہ یہ مرض طولِ شبِ فراق کی مانند بڑھ گیا ہے اور زندگی صرف مرض کے گِرد تو نہیں گھومتی ۔ کئی اور اہم کام بھی ہیں ۔ مثلاً پتنگ اڑانا ہے، بلیک مارکٹنگ ہے، لڑکیوں سے چھیڑ کرنی ہے، پڑوسیوں سے لڑائی جھگڑا کرنا ہے ۔ غرض سینکڑوں ضروری کام ہیں ۔ فکر تونسوی کا مرض زندگی کا ایک حقیر سا حصّہ ہے ۔ ایک گھٹیا سی روٹین (ROUTINE) ہے ۔ ہُنہ ـــ! سینکڑوں مریض ہر روز صبح ہسپتال کی او۔پی۔ڈی کی کھڑکی کے سامنے کیو

بنا کر کھڑے ہو جاتے ہیں۔ بھلا بیمار ہونا بھی انسان کی کوئی بنیادی ضرورت ہے ——— !

اور یوں آہستہ آہستہ میں غیر دلچسپ ہو گیا۔ ہمدردی اور خلوص کا سیلاب ایک دم تیزی سے شام کے سورج کی طرح ڈوب گیا۔ یہاں تک کہ ڈوبتی شعاعوں کی سرخی بھی نظروں سے اوجھل ہو گئی اور میں نے پہلی بار محسوس کیا کہ مرض کو عادت نہ بنانا چاہیئے۔ اتنی بڑی کائنات ہے اور ایک انسان اس میں ایک بے حد مدّھم ہوتا ہوا نقطہ ہے جس سے کوئی لفظ نہیں بنتا، کوئی لکیر نہیں بنتی۔ اس حقیر نقطے پر انسانیت اور محبت اور خلوص وغیرہ وغیرہ چیزوں کی بنیاد رکھنا خالی خولی جذباتی پن ہے۔

بمبئی سے ایک افسانہ نگار دوست نے خط لکھا ——— "تم بڑے خوش قسمت ہو کہ دہلی میں بیمار پڑے ہو اور (سُنا ہے) تمہارے پُرسانِ حال تمہاری اس بیماری کو غنیمت سمجھ کر جوق در جوق تمہیں پوچھنے کے لئے بھی آتے رہتے ہیں لیکن میری بدبختی! کہ میں بمبئی میں بیمار پڑا ہوں۔ جہاں کسی کو کسی کی خبر نہیں کہ کس حال میں ہے؟ یہاں کا ہر فرد اپنے بدن کی مختصر سی دُنیا کے باہر دیکھ ہی نہیں سکتا! میں سمجھتا تھا ان کے پاس جذبات کی کمی ہے، لیکن اب معلوم ہوا ہے، فرصت کی کمی ہے۔ جتنے وقت میں وہ مجھے پوچھنے کے لئے آئیں، اتنے وقت میں وہ اپنے مالک مکان سے تُو تُو مَیں مَیں کر سکتے ہیں جو میری بیماری کی خاطر ملتوی نہیں کی جا سکتی۔ چھ ماہ سے اپنے گھر میں پڑا ہوں اور کسی پُرسانِ حال کو ترس گیا ہوں! کل کسی نے میرے کمرے کا دروازہ کھٹ کھٹایا تو میں بے حد جذباتی ہو گیا کہ آخر کسی پُرسانِ حال کے دل میں خلوص جاگا میں اٹنشن ہو گیا اور مریضوں کی طرح ہانپنے ہانپنے کرنے لگا۔ نووارد نے پوچھا۔

——— "صاحب! کیا بات ہے۔ آپ تو کچھ بیمار معلوم ہوتے ہیں۔ کسی اچھے ڈاکٹر سے علاج کرائیے، جلدی تندرست ہو جائیے کیونکہ ہندوستانی ادب کو ابھی آپ سے بہت اُمیدیں ہیں۔ میں نے بائی دی وے آپ کے گھر میں ایک ضروری ٹیلیفون کرنے آیا تھا۔ اجازت ہو تو کر لوں؟"

بمبئی کے اس دوست کے خط سے مجھے آبدیدہ ہو جانا چاہیئے تھا لیکن میرے پاس تھیٹر کے ایک پروڈیوسر دوست بیٹھے تھے اس لئے میں نے جذباتی ہونا مناسب نہ سمجھا۔ کیونکہ وہ کہہ رہے تھے "فکر صاحب! آپ تو بیماری سے چمٹ ہی گئے ہیں۔ مَیں پوچھنے آیا تھا کہ وہ ڈرامہ جس کے ابھی تین منظر قلم بند کرنا باقی ہیں، ان کا کیا بنے گا؟ ڈرامے کا مکمل ہونا تو بے حد ضروری ہے"۔

"جنابِ من! ڈرامے سے زیادہ میری بیماری ضروری ہے۔ مَیں تو غسلِ صحت کے بعد ہی وہ سین لکھ سکوں گا"۔ میں نے کہا۔

"آپ جلد جلد تندرست ہو جائیے۔ ہمارا بڑا نقصان ہو رہا ہے۔ یہ لیجئے، آپ کے لئے آلو بخارا لایا ہوں۔ کھائیے اور سوچئے کہ کیا دورانِ مرض آپ ڈرامہ مکمل نہیں کر سکتے؟"

دُنیا ستم گر نہیں ہے بلکہ اس کی مجبوری ہے کیونکہ اُسے مرض سے زیادہ اپنے ڈرامے سے محبّت ہے اور محبّت کے بغیر وہ سانس نہیں لے سکتی۔

ایک نزدیکی رشتے دار (کم از کم وہ بدستور مجھے رشتے دار کہتے تھے) بہت سنجیدہ غم اپنی پلکوں پر تھر تھراتے ہوئے میرے بیڈ کے پاس آئے، میڈیکل چارٹ اٹھا کر آنکھوں سے لگایا اور بولے "خدا چاہے گا تو آپ بہت جلدی صحت یاب ہو جائیں گے"۔

میں نے عرض کیا۔ "آپ کو اتنی کیا جلدی ہے؟"

وہ روہانسے ہو کر بولے۔ "آپ بیماری میں بھی مذاق سے باز نہیں آتے۔ آپ کی بھتیجی کے بیاہ کا مسئلہ تھا۔ آپ کی بیماری کے باعث اٹکا ہوا ہے۔ تاریخ مقرر کرنا ہے، لڑکے والے بہت پریشان کر رہے ہیں۔ آپ جانتے ہیں، کل جگ ہے، کسی کی نیت بدلتے دیر نہیں لگتی۔"

مَیں نے ان سے ہمدردی کرتے ہوئے کہا۔ "غلطی میری تھی کہ کل جگ میں بیمار ہوا۔ آپ بیاہ کر دیجیے، میری بیماری پر بھروسہ مت کیجیے!"

چند دن بعد معلوم ہوا، انھوں نے بیاہ کر دیا ہے۔ میری آنکھ سے ایک آنسو بھی نہ نکل سکا۔ جسے میں ان کے دعوتی کارڈ پر گرا سکتا۔ البتہ میں نے ایک دانش مندانہ قدم ضرور اٹھایا کہ ہسپتال کے قواعد توڑ کر گھر آگیا۔ پرسانِ حال پر بھروسہ کر کے بیمار رہتے چلا جانا مجھے غیر ضروری معلوم ہوا۔

گھر آکر ایک اور قریبی رشتے دار کا پیغام ملا کہ میرا بڑا لڑکا جوئے میں گرفتار ہو گیا تھا۔ اس پریشانی میں آپ کو پوچھنے کے لئے حاضر نہ ہو سکا۔ ایک دس سالہ پرانے دوست نے کاغذ کی ایک چٹ لکھ کر بھجوائی کہ میں تمہارے ہجر میں تڑپ رہا ہوں، ہسپتال میں نہیں آئے تو گھر پر ہی آجاؤ! اس نے اسی چٹ کی پشت پر جواب دیا۔ "اب تم نے مجھے شرمندہ کرنے کی ٹھانی ہے اس لئے میں تمہیں شکل نہیں دکھا سکتا۔ میں تمہیں نارمل حالت ہی میں دیکھ سکتا ہوں۔ بیمار حالت میں تمہیں دیکھنا میری قوتِ برداشت سے باہر ہے۔"

ایک اور دوست سے کافی ہاؤس میں ملاقات ہوئی۔ ہنس کر بولے "میں نے سنا تو ضرور تھا کہ تم بیمار ہو، لیکن میں نے سوچا۔ مذاق کرنا تمہاری

عادت ہے۔ شاید تم نے بیماری سے بھی مذاق کیا ہوگا۔ اب کیسے ہو؟"

اس کے بعد میں ہر رشتے دار اور دوست کے گھر جاکر اطلاع دے آیا کہ میں اب بھی بیمار ہی ہوں۔ اس لئے موقع غنیمت ہے، آکر میری پرسشِ حال کر جاؤ۔ ایک صاحب الٹے مجھ سے شکایت کرنے لگے "واہ فکر صاحب! آپ نے بھی کمال کر دیا! میں ہسپتال میں آپ کی صورتِ حالات پوچھنے کے لئے پہنچا تو معلوم ہوا، آپ ڈسچارج ہو کر گھر چلے گئے۔ آخر اتنی بھی کیا جلدی تھی؟" ایک دوسرے رشتے دار کو دوسری شکایت تھی۔ کہ میں ہسپتال میں دو گھنٹے تک ہڈیاں جوڑنے والے وارڈ میں آپ کو ڈھونڈتا پھرا، لیکن ناکام لوٹ آیا۔ کم از کم یہ بتا دینا تو آپ کا فرض تھا کہ آپ کی ہڈی نہیں ٹوٹی بلکہ اعصابی نظام ٹوٹا ہے۔

میں نے معافی مانگی اور وعدہ کیا کہ آئندہ موقع ملا تو ہڈی ہی تڑواؤنگا اور ہسپتال سے باہر آکر میں نے محسوس کیا کہ دُنیا ویسی کی ویسی ہی ہے، کسی کو کسی سے دلچسپی نہیں۔ ہر آدمی ایک دوسرے کے ساتھ قہقہے لگانے میں مصروف ہے۔ ان کی محفل میں کون آیا، کون گیا، کون مرگیا، کس کی ہڈی ٹوٹ گئی، کس کی آنکھ پھوٹ گئی، کون دیوالیہ ہوگیا، کس کی لاٹری نکل آئی؟ ان تمام تبدیلیوں سے بے نیاز اس دنیا کا ہر آدمی اپنے ہی چند سانسوں میں مگن ہے اور مجھے بھی اپنی ان محفلوں میں انھوں نے یوں کھپا لیا جیسے میں کبھی بیمار نہ ہوا تھا اور جیسے میں ان کی خاطر بیمار نہیں ہوا تھا بلکہ اپنے بدن کی آزمائش کرنے کے لئے بیمار ہوا تھا۔

البتہ پرسانِ حال اب بھی شاید خلوص و محبت کے مارے مجھ سے میری صحت کے بارے میں پوچھ لیتے ہیں اور اس بات پر بہت افسوس کا

اظہار کرتے ہیں کہ میں نہایت غلط دوائیں لیتا رہا۔ وہ مجھے مشورہ دیتے ہیں مختلف نسخے بتاتے ہیں کہ میں ان پر عمل کروں تو بالکل تندرست ہو جاؤنگا۔ بلکہ ایک دوست تو مجھے اپنے گھر لے گئے اور میرے ہاتھ میں دوا کی ایک شیشی تھماتے ہوئے بولے "اِسے استعمال کیجئے۔ تیر بہدف ہے!"

"آپ نے ڈاکٹری کا یہ فن کہاں سے سیکھا؟" میں نے ان سے پوچھا۔

وہ گردن پھلا کر بولے "اجی میرے والد صاحب عطّار تھے!" اور میں گردن جھکا کر گنگنانے لگا ؎

میر کیا سادے ہیں بیمار ہوئے جس کے سبب
اُسی عطّار کے لونڈے سے دوا لیتے ہیں

ماسٹر چرٹ لال نے فلم بنائی!

ماسٹر چرٹ لال سے میرے تعلقات نہ رقیبانہ ہیں اور نہ عاشقانہ بلکہ ان دونوں کے بیچ بیچ کے کچھ تعلقات ہیں جو ابھی ہم دونوں کی سمجھ میں نہیں آئے اور نہ ہم نے انہیں سمجھنے کی کوشش کی ——— سنا ہے شرفا میں اسی قسم کے تعلقات ہوتے ہیں۔

جب بھی وہ میرے گھر میں آتے ہیں میں انہیں چائے پلا دیتا ہوں اور میں ان کے گھر جاتے ہوئے ڈرتا ہوں کہ وہ بھی جواباً مجھے چائے پلا دیں گے۔ ایک مرتبہ انھوں نے مجھے چائے کے ساتھ بسکٹ بھی کھلا دیئے تھے چنانچہ دوسری مرتبہ جب وہ میرے گھر آئے تو میں نے بھی انہیں چائے کے ساتھ بسکٹ کھلا دیئے ——— غرض ہم اس طرح ایک دوسرے کے گھر چائے، بسکٹ سگریٹ، پان کوکا کولا کا استعمال کرتے رہتے ہیں اور پھر کھانے پینے اور باتیں کرنے کے بعد ہمیں یوں محسوس ہوتا ہے جیسے ہم نے کچھ بھی نہیں کیا۔ ایک

عجیب سا خالی خولی پن، ایک بے معنی سی محرومی ہم دونوں کے درمیان قائم رہتی ہے۔ اگرچہ یہ ایک ایسی محرومی ہے جس پر نہ ہم ٹھنڈی آہ بھرتے ہیں نہ اداس ہوتے ہیں۔

یعنی ماسٹر جرأت لال سے میرے تعلقات وہ دونی چار کے پہاڑے کی طرح ہیں جو ہم ایک دوسرے کو سنا دیتے ہیں۔ وہ کہتے ہیں کہ فکر صاحب، کیلا کھانے سے قبض ہو گئی تھی۔ میں ماسٹر جی کو بتاتا ہوں کہ سورج کو میں نے ہمیشہ مشرق سے اُگتے دیکھا ہے ـــــ یہی وجہ ہے کہ ہمارے تعلقات خوشگوار چلے آرہے ہیں۔ میں سوچتا ہوں کہ اگر اس دنیا میں کیلا اور سورج نہ ہوتا تو ہمارے تعلقات دگرگوں ہو گئے ہوتے۔

لیکن ایک دن اچانک ہمارے تعلقات میں دراڑ پڑ گئی، کیوں کہ قانون قدرت کو یہ منظور نہیں تھا کہ ہم ایک دوسرے کو اَن جانے میں بے وقوف بناتے رہیں۔

ہوا یہ کہ ایک دن ماسٹر جرأت لال نے مجھ سے بڑی سنجیدگی سے کہا ـــ
"فکر صاحب! میں مشہور ہونا چاہتا ہوں!"

میں نے عرض کیا "آپ کو ضرور مشہور ہونا چاہیئے، ورنہ آپ ہمیشہ کیلا بنے رہیں گے اور اپنے آپ کو قبض نہیں ہونے دیں گے۔"

وہ بے تحاشہ ہنس دئے لیکن فوراً بعد جیسے انہیں خیال آیا کہ وہ اپنی ہی سنجیدہ بات پر ہنس رہے ہیں۔ چنانچہ ایک دم اداس یعنی سنجیدہ ہو کر بولے۔
"آپ مجھ پر طنز کر رہے ہیں۔"

مَیں نے کہا "نہیں! یہ میری عادت ہے، نیت نہیں۔ آپ فرمایئے کہ مشہور ہونے کے لئے آپ نے کونسا طریقہ سوچا ہے؟ مثلاً گذشتہ دنوں ہمارے

محلے کے ایک صاحب نے مشہور ہونے کی خاطر اپنی گلی کے سرے پر اپنے نام کی تختی پر لکھ کر لگا دیا ۔ "پرکاش چند اسٹریٹ" لیکن ان کی شہرت اس وقت خطرے میں پڑ گئی جب اسی گلی میں ایک کرایہ دار آ کر رہنے لگا ۔ اس کا نام بھی پرکاش چند تھا ۔ چنانچہ انھوں نے وہ تختی اتار لی ۔ اور پینٹر سے نئی تختی پر لکھوا دیا ——— "پرکاش چند ملہوترہ اسٹریٹ" ——— اس لئے میرا مطلب یہ ہے کہ آپ مشہور ہونے سے پہلے یہ تحقیق ضرور کروا لیجئے کہ اس شہر میں کسی اور آدمی کا نام تو ماسٹر چرت لال نہیں ہے اور وہ آپ کی طرح ملہوترہ تو نہیں ہے"۔

انھوں نے اپنے ماتھے پر اپنی استخوانی انگلیاں دو چار مرتبہ ماریں اور جیسے سارے شہر کا چکر لگا کر ڈیڑھ منٹ میں لوٹ آئے ۔ پھر بولے ۔

" صرف ایک ماسٹر چرت لال ضرور ہے مگر وہ اسٹیشن ماسٹر ہے اور میں اسکول ماسٹر ہوں ، اور پھر وہ صرف اس لئے مشہور ہے کہ اس کی سات لڑکیاں ہیں اور لڑکا ایک بھی نہیں ہے "

میں نے ان کی پیٹھ پر اطمینان دلانے والی تھپکی دی "خیر ان کی مشہوری کی لائن الگ ہے ، مگر آپ کی لائن کیا ہے ؟"

" میں ایک فلم بنانا چاہتا ہوں" ۔ وہ واقعی مطمئن ہو کر بولے ۔

" ضرور بنائیے ! اور اس فلم کا نام اسکول ماسٹر رکھئے" ۔

انہیں پھر شک ہوا کہ میں طنز کر رہا ہوں ۔ بولے "فکر صاحب ! آپ پھر مذاق اڑا رہے ہیں ۔ لیکن بچپن سے یہ میری تمنا ہے کہ میں زندگی میں ایک فلم ضرور بناؤں گا ، اور مجھے یقین ہے کہ میرے اس خواب کی تعبیر ضرور نکلے گی" ۔

" ہائے ! بچپن کے سہانے خواب !" میرے منہ سے بے اختیار نکلا ــ مگر انھوں نے میری بات شاید نہیں سنی اور بتاتے چلے گئے کہ میں نے فلم کے لئے ایک

کہانی بھی لکھ ڈالی ہے اور اس کا نام بھی رکھ لیا ہے۔" دو بوٹے ایک گلاب"۔

اب میں سنجیدہ ہو گیا اور کہا۔" ماسٹر جی، اس نام سے ملتی جلتی ایک دو فلمیں پہلے بھی بن چکی ہیں بلکہ ایک پروڈیوسر تو اسی قسم کے نام سے ایک مزاحیہ فلم بھی بنا رہا ہے۔" ایک سیخ دو کباب"۔ اس لئے بہتر یہی ہے کہ آپ کوئی چونکا دینے والا نام رکھیئے"۔

" تو آپ ہی کوئی نام تجویز فرمائیے"۔ انہیں مجھ پر جاہلانہ حد تک اعتقاد تھا۔ جیسے مجنوں کے ٹیلے کے مجاور کو اس امر پر اعتقاد تھا کہ اس ٹیلے کے نیچے واقعی مجنوں کو دفنا دیا گیا تھا۔

میں نے کہا" پہلے آپ اپنی کہانی سنائیے! تب ہی اس کا کوئی معقول یا نامعقول نام تجویز کیا جا سکتا ہے، اگرچہ آجکل کی دنیائے فلم میں یہ ضروری نہیں ہے کہ کہانی کی تھیم اور فلم کے نام میں کوئی تعلق ہو لیکن چونکہ آپ ایک معیاری فلم بنانا چاہتے ہیں اور غضب یہ کہ اس کی بدولت مشہور بھی ہونا چاہتے ہیں۔ اس لئے آپ کی کہانی کی روح فلم کے نام میں پوری طرح اجاگر ہونی چاہیئے"۔

انھوں نے شاید مجھے پروڈیوسر یا فنانسر یا دونوں سمجھ کر کہانی سنانا شروع کی اور بولے" میری کہانی ایک باغیچے سے شروع ہوتی ہے، جہاں پر ایک مالی کا لڑکا اور ایک سیٹھ کا لڑکا آپس میں گیند بلا کھیل رہے ہیں اور ......"

مجھ سے رہا نہ گیا اور بے ساختہ میرے منہ سے نکلا" میں سمجھ گیا چرنت لال جی آپ کی فلم میں یہی یہ دونوں لڑکے بڑے ہو کر جوان ہو جائیں گے اور دونوں ایک ہی لڑکی سے عشق کرنے لگیں گے .... اور پھر دونوں اس لڑکی کی خاطر ایک دوسرے کے خون کے پیاسے ہو جائیں گے۔ ان میں سے ایک لڑکا کسی جلوس میں مر جائے گا یا مار دیا جائے گا اور دوسرے لڑکے سے وہ لڑکی شادی کر لے گی۔

کہانی ختم، فلم ختم" اور پھر آپ کو نیشنل ایوارڈ.......!"

ماسٹر چرٹت لال ایک دم اداس ہو گیا' اور جیسے میلوں کی مسافت طے کرکے آنے والا مسافر تکان سے چور چور آواز میں بولتا ہے۔ "میں نے یہ کہانی لکھنے پر پورے گیارہ مہینے عرق ریزی کی مگر آپ نے ڈیڑھ منٹ میں ہی ساری کہانی سنادی...... مگر معاف کیجئے' میری کہانی میں ایک نہیں' دو لڑکیاں ہیں۔

میں اچھل پڑا۔" پھر تو کام اور بھی آسان ہو جائے گا۔ ماسٹر چرٹت لال جی' ہندوستان بھر کی لڑکیاں آپ کے ہاتھ میں ہیں' آپ چاہیں تو دو کی بجائے چار پانچ لڑکیاں بھی لا سکتے ہیں' لیکن ہیروئین تو بہرکیف ایک ہی لڑکی ہوگی۔"

"نہیں! میری فلم میں دو ہیروئینیں ہوں گی۔ ایک امیر گھرانے کی لڑکی....."

"جو مالی کے لڑکے سے عشق کرے گی تاکہ ملک میں سوشلزم......"

"اور دوسری ایک غریب طوائف کی لڑکی' جس کے لئے سیٹھ کا لڑکا اپنے والدین کی جائداد پر لات مار دے گا......"

"بس بس!" میں نے ماسٹر چرٹت لال کا منہ چوم لیا۔ "آپ سچ مچ ایک عظیم آدرش پر فلم بنا رہے ہیں کہ امیروں کو غریبوں سے عشق کرنا چاہیئے اور غریبوں کو امیروں سے' تاکہ ملک میں حقیقی سوشلزم آسکے۔ میرا مطلب ہے کہ کم از کم فلموں میں تو سوشلزم آہی جانا چاہیئے...... آپ اس کہانی کو فوراً سے پیشتر فلما دیجئے' میری طرف سے اجازت ہے۔"

یہ کہہ کر میں اٹھ کھڑا ہوا۔ کیونکہ یہ ایک غیر شریفانہ فعل ہوتا' اگر ماسٹر چرٹت لال کی کہانی میں ترمیم و تنسیخ کے مشورے دیتا اور خود بھی دکھی ہوتا اور ماسٹر جی کے نازک سینے پر بھی چھری چلاتا۔ البتہ جاتے جاتے میں نے ماسٹر جی سے یہ ضرور کہہ دیا کہ ان میں سے ایک لڑکے یا ایک لڑکی کو کسی حادثے یا جھگڑے

میں مرو امت ڈالیئے بلکہ ان دونوں جوڑوں کی خوشگوار شادی کروا ڈالیئے۔ کیونکہ ملک کو اس وقت خوشحال شادی جوڑوں کی اشد ضرورت ہے!

ماسٹر جی نے سچ مچ مجھ سے وعدہ کر لیا کہ میں ایسا ہی کروں گا۔ حالانکہ اگر وہ اپنی فلم میں سیٹھ کے لڑکے کو عمر قید دلوا دیتے اور اس کی محبوبہ کو جوگن بنا کر بندھیاچل پہاڑ کی طرف بھیج دیتے، تو بھی مجھے کوئی خاص اعتراض نہ ہوتا کیونکہ فلموں میں ایک فارمولا استعمال کیا جاتا ہے یا دوسرا فارمولا، انجام ہر فلم کا یہی ہوتا ہے کہ فنانسر کو منافع مل جاتا ہے اور فلم اسٹار گورنمنٹ کا انکم ٹیکس دبا لیتے ہیں اور نیشنل ایوارڈ پانے کے اہل ہو جاتے ہیں۔

آٹھ دس دن بعد ماسٹر چرنت لال اچانک پھر نمودار ہو گئے۔ میں نے پوچھا۔ "سنائیے ماسٹر جی! آپ کی فلم کس منزل میں ہے؟"

اس دن ان کے افسوسناک قسم کے چہرے پر ایک عجیب سی رونق چھائی ہوئی تھی۔ ان کے ہاتھ میں ۵۵۵ کے سگریٹ کا ٹین تھا اور سوٹ بھی نیا نیا ڈرائی کلین کیا ہوا تھا۔ مسلمہ احمقوں کی طرح جیسے ڈانس کرتے ہوئے بولے ——

"فکر صاحب! مبارک ہو، ایک فنانسر مل گیا ہے، جو اس فلم پر چار لاکھ روپے صرف کرنے پر آمادہ ہو گیا ہے ...... کہانی اسے پسند آگئی ہے۔"

میں نے پوچھا "مبارک باد کے بعد عرض ہے کہ فنانسر کون ہے؟ (وہ بھی کوئی مسلمہ احمق ہی ہوگا) کیا کام کرتا ہے؟"

وہ سرگوشی میں بولے "کسی کو بتائیے گا نہیں، وہ بلیک مارکیٹیا ہے۔ اس کے پاس دس بارہ لاکھ روپے کا کالا دھن ہے، اور وہ بھی بطور فلم پروڈیوسر مشہور

ہونا چاہتا ہے۔"

میں نے چوری چھپے ایک ٹھنڈی آہ بھری اور بظاہر خوش ہو کر کہا ـــــ "ماسٹر جی! آپ نے پروڈکشن کے لئے نہایت مناسب آدمی کا انتخاب کیا ہے ہمارے ملک کی یہی رگھو کل ریت چلی آئی ہے کہ آرٹ اور لٹریچر کی خدمت اور سرپرستی صرف بلیک مارکیٹر ہی کرتے رہے ہے۔ فلموں کے ذریعے سوشلزم لانے کا سہرا صرف کالے دھن والوں ہی کے سر بندھے گا ـــــ تو آپ کب تک بمبئی جا رہے ہیں، کیونکہ فلم سازی کا مرکز تو بمبئی میں ہے۔"

وہ بولے۔" اوہ! مگر بمبئی روانہ ہونے سے پہلے میں آپ سے یہ مشورہ کرنے آیا ہوں کہ فلم کے لئے ہیرو کس کو لیا جائے؟"

"کسی کو بھی لے لیجئے۔" میں نے بے پروائی سے جواب دیا "۔روپیہ ہاتھ میں ہو تو آپ کسی بھی فلم اسٹار کی روح یا جسم خرید سکتے ہیں۔ راجندر کمار، راج کمار، پریم کمار، انوپ کمار کوئی بھی کمار آپ کی فلم میں ہیرو بن سکتا ہے۔ لیکن آپ کی فلم میں تو دو ہیرو تھے نا؟ ایک مالی کا لڑکا، ایک سیٹھ کا لڑکا۔ اس طرح تو خرچ دگنا ہو جائے گا۔ آپ یوں کیجئے، کہانی میں ترمیم کر لیجئے اور ایک ہیرو کو فلم کے پہلے ہی سین میں کسی نہ کسی طرح مروا ڈالئے۔"

"نہیں، فنانسر کا کہنا ہے کہ وہ اس فلم پر چار لاکھ کی بجائے آٹھ لاکھ روپے خرچ کر دے گا۔"

"ہپ ہپ ہرّے"! میں نے داد کی مرلی بجائی "اور اگر وہ آٹھ لاکھ کی بجائے بارہ لاکھ روپے خرچ کر ڈالے تو فلم میں تین ہیرو رکھ لیجئے"

"مگر کہانی میں پھر تبدیلی کرنی پڑے گی۔"

"ہرج بھی کیا ہے، کالا دھن جتنی زیادہ سے زیادہ تعداد میں باہر نکل کر

عوام میں تقسیم ہوگا۔ اتنی ہی جلدی ملک میں سوشلزم آئے گا اور جناب! ذرا اندازہ لگائیے کہ جب آپ کی فلم میں تین تین مشہور ہیرو ہوں گے اور تین تین ہیروئنیں تو جنتا بکنگ آفس پر ٹوٹ پڑے گی۔ بارہ لاکھ کے چوبیس لاکھ بن جائیں گے اور آپ کی شہرت تین گنا بڑھ جائے گی۔"

ایک ہفتے بعد ماسٹر چرٹ لال پھر میرے پاس یہ خوشخبری لے کر آئے کہ میرا فنانسر بارہ لاکھ روپے کی بجائے چودہ لاکھ روپے خرچ کرنے پر آمادہ ہوگیا ہے بلکہ اس نے تو یہاں تک کہہ دیا ہے کہ یہ فلم الیسٹ مین کلر میں بنائی جائے گی۔ اس لئے اب آپ بتائیے کہ کہانی میں تیسرا ہیرو کس طرح پیدا کیا جائے۔"

میں نے بغیر کچھ سوچے سمجھے کہہ دیا۔ (کیونکہ بغیر سوچے سمجھے جو فلمیں بنائی جاتی ہیں وہی کامیاب ہوتی ہیں) کہ گھبرانے کی کوئی ضرورت نہیں، آپ اس فلم میں ایک ویلن کو شامل کر دیجئے۔ کیونکہ ویلن بھی مرتبے میں ہیرو سے کم نہیں ہوتا۔"

مگر ماسٹر جی سوچ میں پڑ گئے۔ چند سیکنڈ تک اپنی پیشانی پر انگلیاں بجاتے رہے، جیسے سوشلزم اور ملک کا مستقبل ان کی پیشانی کے اندر پھنس گیا ہو، اور پھر غمگین لہجے میں بولے۔" مگر فکر صاحب! میں نے تو یہ سوچا تھا کہ سیٹھ کے لڑکے کو ویلن کے روپ میں پیش کیا جائے یعنی ویلن تو فلم میں پہلے سے موجود ہے۔"

میں نے دست بستہ عرض کیا۔" ایک کی بجائے دو ویلن بنا دیجئے آپ کا کیا بگڑتا ہے؟"

"لیکن دو ویلنوں کو فلم میں مروانا پڑے گا۔"

"مت مروائیے، آپ تو خدا ہیں۔ جلانا اور مارنا آپ کے اختیار میں ہے۔

عام فلموں کے راستے سے ذرا ہٹ کر فلم بنائیے اور آخر میں دونوں ویلنوں کی شادی کرا دیجئے۔"

"مگر فکر صاحب!" وہ پریشان ہو گئے۔ "ویلن کیسے شادی کر سکتے ہیں، شادی تو آخر میں ہیرو کی ہونی چاہیئے۔"

"افوہ! آپ سمجھے نہیں۔ فلم کے پہلے حصے میں ویلن کو بہ طور ویلن پیش کیجئے۔ دوسرے حصے میں وہی ویلن اپنے گناہوں کا اعتراف کرلے اور ہیرو بن جائے۔ آپ شاید نہیں جانتے کہ سرودے لیڈر ونوبا بھاوے جی نے تالیف قلوب کے سلسلے میں ایک تحریک چلائی تھی اور مدھیہ پردیش کے ڈاکوؤں کے دل تبدیل کروا دئے تھے، تو کیا آپ کے ویلن پشچاتاپ نہیں کر سکتے؟"

"کر سکتے ہیں"۔ وہ ایک مجبور اور محبوس پنچھی کی طرح بولے۔

"تو بس، اب جائیے اور کہانی میں یہ نئی ترمیم کیجئے۔ میری دعائیں اور فنانسر کا دھن آپ کے ساتھ ہے۔"

اس کے بعد ماسٹر چرنت لال جی کئی بار مجھ سے ملتے رہے، کیوں کہ انہیں اپنی فلمی کہانی میں کئی بار ترمیمیں کرنا پڑیں۔ کئی بار میرے کہنے پر ترمیم کی ایک بار فنانسر کے کہنے پر، ایک بار فنانسر کے سالے کے کہنے پر۔ کیونکہ وہ سالا اس فلم میں بہ طور سائڈ ہیرو کام کرنا چاہتا تھا۔ ایک مرتبہ سالے کی پانچ سالہ ننھی بیٹی کے کہنے پر، کیوں کہ اس نے ضد کی تھی کہ انکل مجھے اپنی فلم میں رول دے دیجئے۔ چنانچہ ننھی بچی کو "اکاموڈیٹ" کرنے کے لئے نصف کہانی دوبارہ لکھنا پڑی۔ ایک ڈسٹری بیوٹر کے کہنے پر، جو فنانسر کے سالے کا بہنوئی تھا اور اس

نے فلم میں دو لاکھ روپے لگانے کا ارادہ ظاہر کیا تھا۔ اس کے کہنے پر مالی کے غریب لڑکے کا عشق ڈانسر سے کروانا پڑا، کیونکہ اس بہنوئی کی بیوی ڈانسر تھی غرض ترمیم در ترمیم کے بعد جب آخری شکل میں کہانی مجھے سنائی گئی تو ماسٹر چڑت لال کی حقیقی کہانی کی قبر کے اوپر کئی قبریں بن چکی تھیں اور اصلی قبر کو پہچاننا مشکل ہو گیا تھا۔

بہر کیف ایک دن مجھے اطلاع ملی کہ وہ عظیم فلمی کہانی کار ماسٹر چڑت لال اپنے بیوی بچوں سے یہ کہہ کر بمبئی کی طرف روانہ ہو گیا ہے کہ میں جلد ہی بہ طور مشہور پروڈیوسر تمہیں بمبئی بلوا لوں گا۔

اس کے بعد دو مہینے تک ماسٹر چڑت لال کی کوئی اطلاع نہیں ملی اور میں بھی یہ سوچ کر خاموش ہو گیا کہ ماسٹر چڑت لال نے ہند ساگر میں خودکشی کر لی ہوگی اس خودکشی پہ مجھے صرف اتنا افسوس ضرور ہو گیا تھا کہ فلموں کے ذریعے سوشلزم آنے میں قدرے تاخیر ہو جائے گی۔

مگر دو مہینے بعد اچانک ایک دن کسی نے میرا دروازہ کھٹ کھٹایا۔ میں نے دروازہ کھول کر دیکھا تو ایک مرجھایا ہوا چہرہ میرے سامنے کھڑا تھا۔ میں نے کہا۔ ”فرمائیے!“

وہ بولا ”آپ نے مجھے پہچانا نہیں۔ میں ماسٹر چڑت لال ہوں۔“

میں نے بڑھ کر اس کو سینے سے لگا لیا اور کہا۔ ”پہچانتا کیسے ماسٹر جی! آپ کے چہرے پر تو سوشلزم چھا گیا ہے۔ یہ سیاہی، یہ جھریاں، یہ جھانکتی ہوئی ہڈیاں! آپ کو کیا ہو گیا ہے؟“

وہ بولا۔ ”مجھ سے سخت دھوکا کیا گیا مگر صاحب! میری وہ کہانی کسی دوسرے پروڈیوسر نے چرا لی۔“

"کیسے ؟ وہ کہانی تو پہلے ہی کئی فلموں سے چرائی ہوئی تھی - چرائی ہوئی کہانی کو کس نے چرا لیا ؟ یہ بمبئی کے فلم ساز تو بڑے احمق ہیں!"

ماسٹر چرت لال کی سمجھ میں کچھ نہ آیا اور وہ جیسے فریادیوں کی طرح اپنی دردناک داستان سناتے رہے — "بات دراصل یوں ہوئی کہ جب سارے معاملات طے پاگئے تو ہم نے فلم کی شوٹنگ شروع کر دی - اسٹوڈیو، فلم اسٹار، دلال اور کئی دوسرے پیشہ ور لوگ مل جل کر ہمارا دو لاکھ روپیہ کھا گئے اور جب دو ریلیں بن گئیں تو اچانک ایک دن اسٹوڈیو کو پولیس نے گھیرے میں لے لیا - معلوم ہوا کہ ہمارے فنانسر صاحب کے خلاف سرکار نے اسمگلنگ کا کیس بنایا ہے اور اس سلسلے میں اسے گرفتار کرنا چاہتی ہے کیونکہ یہ سارا کالا دھن اس نے اسمگلنگ کے ذریعے کمایا تھا چنانچہ فکر صاحب! جب ہمارا فنانسر گرفتار ہو گیا تو فلم کی شوٹنگ رک گئی اور میں.....؟"

"..... آپ کی کہانی تو گرفتار نہیں ہو گئی - آپ اسے کسی اور پروڈیوسر کو دیدیتے"

ماسٹر چرت لال نے پانچ کلو میٹر لمبی آہ بھری اور کہا "یہی تو دکھ ہے فکر صاحب! کہ اس فنانسر کے سالے نے میری وہ کہانی اٹھا کر ایک اور پروڈیوسر کو سنائی تو معلوم ہوا کہ بالکل ایسی ہی کہانی وہی پروڈیوسر پہلے بھی خرید چکا ہے اور اس کی بنیاد پر ایک فلم تیار کر رہا ہے - حیرت ہوتی ہے کہ میری یہ کہانی کس بے ایمان نے چرا کر اس پروڈیوسر کے ہاتھ بیچ دی"

میں نے ماسٹر جی کے کندھے پر شفقت سے تھپکی دی اور کہا "گھبرائیے نہیں ماسٹر جی! اب آپ ایک اور کہانی لکھئے - ہمت مت ہاریئے - آپ کے بچپن کا خواب ضرور پورا ہوگا - اس مکر و فریب کی دنیا میں آپ کو شہرت ضرور ملے گی - شہرت ملنے میں دیر ہوتی ہے، اندھیر نہیں" ——

منتخب مزاحیہ مضامین کا ایک اور مجموعہ

خدا کی جنت

مصنف : فکر تونسوی

بین الاقوامی ایڈیشن جلد منظر عام پر آرہا ہے